Authentieke Chinese Recepten

Een Culinaire Reis door China

Mei Ling Chen

Inhoud

Kip Met Spek	10
Frietjes met kip en banaan	11
Kip Met Gemberchampignons	12
kip en ham	14
Gegrilde Kippenlever	15
Krabballetjes met waterkastanje	16
vaag totaal	17
Rolletjes ham en kip	18
Gebakken Ham Rotatie	19
nep gerookte vis	20
gevulde champignons	22
Champignons Met Oestersaus	23
Rolletjes varkensvlees en sla	24
Gehaktballen van varkensvlees en kastanje	26
varkensvlees ravioli	27
Garnalen Met Lychee Saus	29
Mandarijn gebakken garnalen	31
Garnalen Met Peultjes	32
Chinese Champignon Garnalen	34
Garnalen en erwtenfrietjes	35
Garnalen Met Mangochutney	36
Peking garnalen	38
Gepeperde Garnalen	39
Gebakken Garnalen Met Varkensvlees	40
Gebakken Garnalen Met Sherrysaus	42
Gebakken garnalen met sesam	44
Garnalen gebakken in hun schelp	45
gefrituurde garnaal	46
Garnalen Tempura	47
Kauwgom	48
Garnalen Met Tofu	50
Garnalen Met Tomaat	51

Garnalen In Tomatensaus	52
Garnalen en Chili in Tomatensaus	53
Gebakken Garnalen Met Tomatensaus	54
Garnalen Met Groenten	56
Waterkastanje Garnalen	57
garnalen wontons	57
Kip Abalone	58
Abalone met asperges	59
Paddestoel Abalone	62
Abalone met oestersaus	62
gestoomde oesters	63
Oesters met taugé	65
Oesters Met Gember En Knoflook	66
gebakken oesters	67
krabkoekjes	68
krab crème	69
Chinees Bladkrabvlees	70
Foo Yung-krab met taugé	71
Gember Krab	72
Krab Lo Mein	73
Gebakken Krab Met Varkensvlees	75
Gebakken krabvlees	76
gefrituurde inktvisballetjes	77
kantonese kreeft	78
gebakken kreeft	80
Gestoomde kreeft met ham	81
Kreeft Met Champignons	82
Varkensvlees Kreeftstaarten	83
gesauteerde kreeft	85
kreeft nesten	86
Mosselen in zwarte bonensaus	87
Mosselen Met Gember	87
gestoomde mosselen	89
gebakken oesters	89
Oesters Met Bacon	90
Gember gebakken oesters	91

Oesters Met Zwarte Bonensaus 92
Kam met bamboescheuten 93
Ei kam 95
Sint-jakobsschelpen met broccoli 96
Gember Kam 97
Ham Sint-jakobsschelpen 98
Omelet met coquilles en kruiden 99
Gebakken Sint-jakobsschelpen en uien 100
Groente Sint-jakobsschelpen 101
Peper coquilles 104
Inktvis met taugé 105
gefrituurde inktvis 106
inktvis pakketten 106
gefrituurde inktvisrolletjes 108
gesauteerde inktvis 111
Inktvis Met Gedroogde Champignons 112
Inktvis Met Groenten 112
Gekookt rundvlees met anijs 113
rundvlees met asperges 115
Bamboescheut Rundvlees 117
Bamboescheuten en Champignon Rundvlees 117
Chinees gebakken rundvlees 119
Taugé Rundvlees 119
Broccolisteak 120
Rundvlees met sesam en broccoli 121
Gegrilld vlees 124
kantonees vlees 125
Rundvlees Met Wortelen 126
Rundvlees Met Cashewnoten 127
Rundvleesstoofpot uit de slowcooker 128
Bloemkool Rundvlees 129
Rundvlees Met Selderij 130
Sneetjes gesmoord rundvlees met bleekselderij 130
Rundergehakt Met Kip En Selderij 131
Rundvlees met chili 134
Chinees Koolrundvlees 136

Kalfskarbonades Suey ... 137
Rundvlees Met Komkommer ... 139
Rundvlees Chow Mein ... 140
komkommer filet ... 142
Rundvleescurry in de oven ... 143
Ham En Waterkastanje Omelet ... 145
Kreeft Omelet ... 146
oester omelet ... 147
Garnalen omelet ... 148
Gegratineerde Omelet ... 149
Tofu Omelet ... 150
Met Varkensvlees Gevulde Tortilla ... 151
Met Garnalen Gevulde Tortilla ... 152
Gestoomde tortillarolletjes met kipvulling ... 153
oester pannenkoeken ... 154
Garnalen Pannenkoeken ... 155
Chinees Gebakken Ei ... 156
Roerei Met Vis ... 157
Roerei Met Champignons ... 158
Gebakken Ei Met Oestersaus ... 159
Roerei Met Varkensvlees ... 160
Roerei met varkensvlees en garnalen ... 161
Gebakken Ei Met Spinazie ... 162
Gebakken Eieren Met Bieslook ... 163
Roerei Met Tomaat ... 164
Roerei Met Groenten ... 165
kippensoufflé ... 166
krab soufflé ... 167
Soufflé van krab en gember ... 168
vis soufflé ... 169
garnalen soufflé ... 169
Garnalensoufflé met taugé ... 170
groente soufflé ... 171
Ei Foo Yung ... 173
Gebakken Ei Foo Yung ... 174
Foo Yung-krab met champignons ... 175

Ham Ei Foo Yung ... 176
Gebakken Varkensvlees Ei Foo Yung ... 177
Varkensvlees Ei en Garnalen Foo Yung ... 178
witte rijst ... 180
gekookte bruine rijst ... 181
rijst met vlees ... 182
Rijst met kippenlever ... 183
Kip Champignon Rijst ... 184
kokos rijst ... 185
Krab Vlees Rijst ... 186
Rijst Met Erwten ... 187
Gepeperde Rijst ... 188
Rijst met gekookt ei ... 189
Rijst in Singaporese stijl ... 190
Slow Boat rijst ... 191
gestoomde rijst ... 192
gebakken rijst ... 193
amandel gebakken rijst ... 194
Gebakken Rijst Met Spek En Ei ... 195
Vlees Gebakken Rijst ... 196
Gebakken Rijst Met Gehakt ... 197
Vlees en Ui Gebakken Rijst ... 198
kip gebakken rijst ... 199
Eend gebakken rijst ... 200
ham rijst ... 201
Pilaf van gerookte ham met bouillon ... 202
Gebakken Varkensvlees Rijst ... 202
varkensvlees en garnalen gebakken rijst ... 204
Garnalen Gebakken Rijst ... 205
gebakken rijst en erwten ... 206
Zalm Gebakken Rijst ... 207
Speciale gebakken rijst ... 208
Tien kostbaar koper ... 209
Rijst Met Gebakken Tonijn ... 210
gekookte noedels ... 211
gekookte eiernoedels ... 212

gebakken noedels 213
gebakken noedels 214
Gefrituurde Zachte Noedels 215
Gekookte Noedels 216
koude noedels 217
noedel manden 218
noedel pannenkoek 219

Kip Met Spek

voor 4 personen

225g/8oz kip, heel dun gesneden

75 ml / 5 eetlepels sojasaus

15 ml / 1 eetlepel rijstwijn of droge sherry

1 teentje geplette knoflook

15 ml / 1 eetlepel bruine suiker

5 ml / 1 theelepel zout

5 ml / 1 theelepel fijngehakte gemberwortel

225 g mager spek, in blokjes

100 g / 4 oz kastanjes, zeer dun gesneden

30 ml / 2 eetlepels honing

Doe de kippen in een kom. Meng 45 ml / 3 eetlepels sojasaus met wijn of sherry, knoflook, suiker, zout en gember, giet over kip en marineer ongeveer 3 uur. Rijg kip, spek en kastanjes aan kebabspiesjes. Meng de resterende sojasaus met honing en verdeel over de spiesjes. Borstel (bak) met meer glazuur terwijl het kookt, keer regelmatig en kook, tot het ongeveer 10 minuten gaar is onder een hete grill.

Frietjes met kip en banaan

voor 4 personen

2 gekookte kipfilets

2 harde bananen

6 sneetjes brood

4 eieren

120 ml / 4 fl oz / ¬Ω glas melk

50 g / 2 oz / ¬Ω kopje bloem voor alle doeleinden

225 g / 8 oz / 4 kopjes verse paneermeel

frituurolie

Snijd de kippen in 24 stukken. Schil de bananen en snijd ze in de lengte in vieren. Deel elk kwart door drie om 24 stukjes te krijgen. Snijd de korst van het brood en snijd het in vieren. Klop eieren en melk los en bestrijk één kant van het brood. Leg een stuk kip en een stuk banaan op de met ei bedekte kant van elk stuk brood. Bestuif de vierkantjes licht met bloem en dompel ze vervolgens in ei en paneermeel. Doop opnieuw in ei en paneermeel. Verhit de olie en bak een paar vierkantjes tegelijk goudbruin. Laat voor het serveren uitlekken op keukenpapier.

Kip Met Gemberchampignons

voor 4 personen

225g / 8oz kipfiletfilet

5 ml / 1 theelepel vijfkruidenpoeder

15 ml / 1 eetlepel bloem voor alle doeleinden

120 ml / 4 fl oz / ½ kopje arachideolie (pinda)

4 sjalotten, gehalveerd

1 teentje knoflook, in plakjes

1 plakje gemberwortel, fijngehakt

25 g cashewnoten

5 ml / 1 theelepel honing

15 ml / 1 eetlepel rijstmeel

75 ml / 5 eetlepels rijstwijn of droge sherry

100 g champignons, in kwarten

2,5 ml / ½ theelepel kurkuma

6 gele paprika's, gehalveerd

5 ml / 1 theelepel sojasaus

½ citroensap

zout en peper

4 krokante slablaadjes

Snijd de kipfilet diagonaal in dunne reepjes. Bestrooi met vijfkruidenpoeder en bestrooi licht met bloem. Verhit 15 ml / 1 eetlepel olie en bak de kip goudbruin. Haal het uit de pan. Verhit nog wat olie en fruit de sjalotjes, knoflook, gember en cashewnoten 1 minuut. Voeg honing toe en meng tot de groenten bedekt zijn. Bestuif met bloem en voeg dan wijn of sherry toe. Voeg de champignons, kurkuma en paprika toe en bak 1 minuut. Voeg de kip, sojasaus, de helft van het citroensap, zout en peper toe en verwarm. Haal uit de pan en houd warm. Verhit nog wat olie, voeg de slablaadjes toe en bak snel, breng op smaak met zout, peper en het resterende citroensap.

kip en ham

voor 4 personen

225g/8oz kip, heel dun gesneden

75 ml / 5 eetlepels sojasaus

15 ml / 1 eetlepel rijstwijn of droge sherry

15 ml / 1 eetlepel bruine suiker

5 ml / 1 theelepel fijngehakte gemberwortel

1 teentje geplette knoflook

225 g gekookte ham, in blokjes

30 ml / 2 eetlepels honing

Doe de kip in een kom met 45 ml/3 eetlepels sojasaus, wijn of sherry, suiker, gember en knoflook. Laat het 3 uur marineren. Rijg kip en ham aan kebabspiesjes. Meng de resterende sojasaus met honing en verdeel over de spiesjes. Grill (braden) onder een hete grill gedurende ongeveer 10 minuten, keer regelmatig en bestrijk ze met glazuur tijdens het koken.

Gegrilde Kippenlever

voor 4 personen

450 g kippenlever

45 ml / 3 eetlepels sojasaus

15 ml / 1 eetlepel rijstwijn of droge sherry

15 ml / 1 eetlepel bruine suiker

5 ml / 1 theelepel zout

5 ml / 1 theelepel fijngehakte gemberwortel

1 teentje geplette knoflook

Kook de kippenlevertjes 2 minuten in kokend water en laat ze goed uitlekken. Doe in een kom met alle overige ingrediënten behalve olie en marineer ongeveer 3 uur. Rijg kippenlevertjes aan kebabspiesjes en gril (bak) op een hete grill in circa 8 minuten goudbruin.

Krabballetjes met waterkastanje

voor 4 personen

450 g krabvlees, fijngehakt

100 g kastanjes, gehakt

1 teentje geplette knoflook

1 cm/¬Ω gesneden gemberwortel, fijngehakt

45 ml / 3 eetlepels maïsmeel (maïszetmeel)

30 ml / 2 eetlepels sojasaus

15 ml / 1 eetlepel rijstwijn of droge sherry

5 ml / 1 theelepel zout

5 ml / 1 theelepel suiker

3 roereieren

frituurolie

Meng alle ingrediënten behalve de olie en vorm er balletjes van. Verhit de olie en bak de krabballetjes goudbruin. Laat goed uitlekken voor het opdienen.

vaag totaal

voor 4 personen

100 g gepelde garnalen, gehakt

225 g mager varkensvlees, fijngehakt

50 g paksoi, fijngehakt

3 lente-uitjes (lente-ui), fijngehakt

1 roerei

30 ml / 2 eetlepels maïsmeel (maïszetmeel)

10 ml / 2 theelepels sojasaus

5 ml / 1 theelepel sesamolie

5 ml / 1 theelepel oestersaus

24 wontonvellen

frituurolie

Roer garnalen, varkensvlees, kool en lente-uitjes erdoor. Meng het ei, maïsmeel, sojasaus, sesamolie en oestersaus. Druppel lepels van het mengsel in het midden van elke wontonhuid. Druk de wikkels voorzichtig rond de vulling, breng de randen naar elkaar toe maar laat de bovenkant open. Verhit de olie en bak de dimsums een voor een goudbruin. Laat goed uitlekken en dien warm op.

Rolletjes ham en kip

voor 4 personen

2 kipfilets
1 teentje geplette knoflook
2,5 ml / ½ theelepel zout
2,5 ml/ ½ theelepel vijfkruidenpoeder
4 plakjes gekookte ham
1 roerei
30 ml / 2 eetlepels melk
25 g / 1 oz / ¼ kopje bloem voor alle doeleinden
4 loempia's
frituurolie

Snijd de kipfilets doormidden. Klop ze totdat ze heel goed zijn. Meng de knoflook, het zout en het vijfkruidenpoeder en strooi dit over de kip. Leg op elk stuk kip een plakje ham en wikkel stevig in. Meng het ei en de melk. Bestuif de stukken kip licht met bloem en dompel ze vervolgens in het eimengsel. Leg elk stuk in de schil van een loempia en bestrijk met losgeklopt ei langs de randen. Vouw de randen, rol ze dan samen, knijp de randen samen om ze af te dichten. Verhit de olie en bak de broodjes in circa 5 minuten goudbruin en gaar. Laat uitlekken op keukenpapier en snij in dikke diagonale plakken om te serveren.

Gebakken Ham Rotatie

voor 4 personen

350 g / 12 oz / 3 kopjes bloem voor alle doeleinden

175 g boter

120 ml / 4 fl oz / ¬Ω beker

225 g in blokjes gesneden ham

100 g bamboescheuten, gehakt

2 lente-uitjes (lente-ui), fijngehakt

15 ml / 1 eetlepel sojasaus

30 ml / 2 eetlepels sesam

Doe de bloem in een kom en wrijf de boter erdoor. Meng het met water tot een pasta. Rol het deeg uit en snijd in cirkels van 5/2 cm, meng alle overige ingrediënten behalve sesam en doe een eetlepel in elke cirkel. Bestrijk de randen van het deeg met water en sluit af. Bestrijk de buitenkant met water en bestrooi met sesamzaadjes. Bak in de voorverwarmde oven op 180 C / 350 F / gasstand 4 gedurende 30 minuten.

nep gerookte vis

voor 4 personen

1 baars

3 plakjes gemberwortel, in plakjes

1 teentje geplette knoflook

1 lente-ui (lente-ui), in dikke plakken gesneden

75 ml / 5 eetlepels sojasaus

30 ml / 2 eetlepels rijstwijn of droge sherry

2,5 ml / ¬Ω theelepel gemalen anijs

2,5 ml / ¬Ω theelepel sesamolie

10 ml / 2 theelepels suiker

120 ml bouillon

frituurolie

5 ml / 1 theelepel maïsmeel (maïszetmeel)

Snijd de vis in plakjes van 5 mm (¬° inch) tegen de draad in. Meng de gember, knoflook, bosui, 60 ml / 4 eetlepels sojasaus, sherry, anijs en sesamolie. Giet over vis en meng voorzichtig. 2 uur laten staan, af en toe keren.

Giet de marinade af in een pan en droog de vis op keukenpapier. Voeg suiker, bouillon en resterende sojasaus toe aan de marinade, breng aan de kook en kook gedurende 1 minuut. Als je de saus moet verdikken, meng dan de maïzena met een beetje koud water, roer het door de saus en kook al roerend tot de saus dikker wordt.

Verhit ondertussen de olie en bak de vis goudbruin. Filter goed. Doop de stukken vis in de marinade en leg ze op een warme serveerschaal. Serveer warm of koud.

gevulde champignons

voor 4 personen

12 grote gedroogde paddenstoelen

225g / 8oz krabvlees

3 waterkastanjes, gehakt

2 lente-uitjes (lente-ui), fijngehakt

1 eiwit

15 ml / 1 eetlepel maïsmeel (maïszetmeel)

15 ml / 1 eetlepel sojasaus

15 ml / 1 eetlepel rijstwijn of droge sherry

Week de champignons een nacht in warm water. Droog centrifugeren. Meng de overige ingrediënten door elkaar en vul hiermee de champignonhoedjes. Plaats op een stoomrek en stoom gedurende 40 minuten. Heet opdienen.

Champignons Met Oestersaus

voor 4 personen
10 gedroogde Chinese champignons
250 ml bouillon
15 ml / 1 eetlepel maïsmeel (maïszetmeel)
30 ml / 2 eetlepels oestersaus
5 ml / 1 theelepel rijstwijn of droge sherry

Week de champignons 30 minuten in warm water, giet ze af en bewaar 250 ml weekvloeistof. Gooi de stelen weg. Meng 60 ml / 4 eetlepels bouillon met maïsmeel tot een pasta-achtige consistentie. Breng de resterende champignonbouillon en het champignonvocht aan de kook, dek af en laat 20 minuten sudderen. Haal de champignons uit het vocht met de schuimspaan en leg ze op een warme serveerschaal. Voeg de oestersaus en sherry toe aan de pan en kook al roerend 2 minuten. Voeg de maïsmeelpasta toe en kook op laag vuur al roerend tot de saus dikker wordt. Giet over de champignons en serveer direct.

Rolletjes varkensvlees en sla

voor 4 personen

4 gedroogde Chinese champignons
15 ml / 1 eetlepel arachideolie
225 g mager varkensvlees, gehakt
100 g bamboescheuten, gehakt
100 g kastanjes, gehakt
4 lente-uitjes (lente-ui), fijngesneden
175 g krabvlees, in blokjes
30 ml / 2 eetlepels rijstwijn of droge sherry
15 ml / 1 eetlepel sojasaus
10 ml / 2 theelepels oestersaus
10 ml / 2 theelepels sesamolie
9 Chinese bladeren

Week de champignons 30 minuten in warm water en giet ze af. Gooi de stelen weg en hak de topjes. Verhit de olie en bak het vlees 5 minuten. Voeg de champignons, bamboescheuten, kastanjes, lente-uitjes en krabvlees toe en bak 2 minuten. Meng de wijn of sherry, sojasaus, oestersaus en sesamolie en roer de koekenpan erdoor. Van het vuur halen. Kook ondertussen de Chinese bladeren 1 minuut in kokend water en giet ze af. Schep een lepel van het varkensvleesmengsel in het midden van elk blad, vouw de zijkanten dicht en rol uit om te serveren.

Gehaktballen van varkensvlees en kastanje

voor 4 personen

450 g varkensgehakt (gemalen)

50 g champignons, fijngehakt

50 g kastanjes, fijngehakt

1 teentje geplette knoflook

1 roerei

30 ml / 2 eetlepels sojasaus

15 ml / 1 eetlepel rijstwijn of droge sherry

5 ml / 1 theelepel fijngehakte gemberwortel

5 ml / 1 theelepel suiker

Zout

30 ml / 2 eetlepels maïsmeel (maïszetmeel)

frituurolie

Meng alle ingrediënten behalve maïsmeel en vorm balletjes met het mengsel. Rol in maïsmeel. Verhit de olie en bak de pasteitjes in ongeveer 10 minuten goudbruin. Laat goed uitlekken voor het opdienen.

varkensvlees ravioli

voor 4 personen

450 g bloem voor alle doeleinden

500 ml / 17 fl oz / 2 kopjes water

450 g gekookt varkensvlees, gehakt

225 g gepelde garnalen, gehakt

4 stengels bleekselderij, fijngesneden

15 ml / 1 eetlepel sojasaus

15 ml / 1 eetlepel rijstwijn of droge sherry

15 ml / 1 eetlepel sesamolie

5 ml / 1 theelepel zout

2 lente-uitjes (lente-ui), fijngehakt

2 teentjes knoflook, fijngehakt

1 plakje gemberwortel, fijngehakt

Meng de bloem en het water tot een soepel deeg en kneed goed. Dek af en laat 10 minuten staan. Rol het deeg zo dun mogelijk uit en snijd in cirkels van 5/2 cm, meng alle overige ingrediënten. Laat een lepel van het mengsel in elke cirkel vallen, maak de randen nat en verzegel ze in een halve cirkel. Breng een pan water aan de kook en laat de gehaktballetjes voorzichtig in het water vallen. Voeg als de gehaktballetjes boven komen 150 ml /

¬°pt / ¬æ glas koud water toe en breng het water weer aan de kook. Als de gehaktballen weer rijzen, zijn ze gaar.

Garnalen Met Lychee Saus

voor 4 personen

50 g / 2 oz / ½ enkele kop (voor alle doeleinden)

Roem

2,5 ml / ½ theelepel zout

1 ei, licht losgeklopt

30 ml / 2 eetlepels water

450 g gepelde garnalen

frituurolie

30 ml / 2 eetlepels arachideolie

2 plakjes gemberwortel, gehakt

30 ml / 2 eetlepels wijnazijn

5 ml / 1 theelepel suiker

2,5 ml / ½ theelepel zout

15 ml / 1 eetlepel sojasaus

200 g lychees uit blik, uitgelekt

Meng bloem, zout, ei en water tot een deeg, voeg indien nodig wat meer water toe. Roer tot alles goed bedekt is met garnalen. Verhit de olie en bak de garnalen een paar minuten tot ze krokant en goudbruin zijn. Laat uitlekken op keukenpapier en leg op een warme serveerschaal. Verhit ondertussen de olie en fruit de gember 1 minuut. Voeg wijnazijn, suiker, zout en sojasaus toe.

Voeg lychees toe en roer tot ze warm zijn en bedekt met saus. Giet over de garnalen en dien onmiddellijk op.

Mandarijn gebakken garnalen

voor 4 personen

60 ml / 4 eetlepels arachideolie

1 teentje geplette knoflook

1 plakje gemberwortel, fijngehakt

450 g gepelde garnalen

30 ml / 2 el rijstwijn of droge sherry 30 ml / 2 el sojasaus

15 ml / 1 eetlepel maïsmeel (maïszetmeel)

45 ml / 3 eetlepels water

Verhit de olie en bak hierin de knoflook en gember lichtbruin. Voeg de garnalen toe en bak 1 minuut mee. Voeg wijn of sherry toe en meng goed. Voeg sojasaus, maïzena en water toe en bak 2 minuten.

Garnalen Met Peultjes

voor 4 personen

5 gedroogde Chinese champignons
225 g taugé
60 ml / 4 eetlepels arachideolie
5 ml / 1 theelepel zout
2 stengels bleekselderij, fijngesneden
4 lente-uitjes (lente-ui), fijngesneden
2 teentjes knoflook, fijngehakt
2 plakjes gemberwortel, gehakt
60 ml / 4 eetlepels water
15 ml / 1 eetlepel sojasaus
15 ml / 1 eetlepel rijstwijn of droge sherry
225 g sugarsnaps
225 g gepelde garnalen
15 ml / 1 eetlepel maïsmeel (maïszetmeel)

Week de champignons 30 minuten in warm water en giet ze af. Gooi de stelen weg en snijd de topjes eraf. Blancheer de taugé 5 minuten in kokend water en laat goed uitlekken. Verhit de helft van de olie en bak het zout, de selderij, de bosui en de taugé 1 minuut en haal ze dan uit de pan. Verhit de resterende olie en bak hierin de knoflook en gember lichtbruin. Voeg de helft van het water, sojasaus, wijn of sherry, sugarsnaps en garnalen toe, breng aan de kook en kook 3 minuten. Combineer de maïsmeel en het resterende water tot een pasta, meng in de koekenpan en kook, al roerend, tot de saus dikker wordt. Doe de groenten terug in de pan, kook tot ze warm zijn. Dien meteen op.

Chinese Champignon Garnalen

voor 4 personen

8 gedroogde Chinese champignons

45 ml / 3 eetlepels arachideolie (pinda)

3 plakjes gemberwortel, gehakt

450 g gepelde garnalen

15 ml / 1 eetlepel sojasaus

5 ml / 1 theelepel zout

60 ml / 4 eetlepels visbouillon

Week de champignons 30 minuten in warm water en giet ze af. Gooi de stelen weg en snijd de topjes eraf. Verhit de helft van de olie en bak de gember licht goudbruin. Voeg de garnalen, sojasaus en zout toe en bak tot ze bedekt zijn met olie en haal ze uit de pan. Verhit de resterende olie en bak de champignons tot ze bedekt zijn met olie. Voeg bouillon toe, breng aan de kook, dek af en kook gedurende 3 minuten. Doe de garnalen terug in de pan en roer tot ze warm zijn.

Garnalen en erwtenfrietjes

voor 4 personen

450 g gepelde garnalen
5 ml / 1 theelepel sesamolie
5 ml / 1 theelepel zout
30 ml / 2 eetlepels arachideolie
1 teentje geplette knoflook
1 plakje gemberwortel, fijngehakt
225 g bevroren of geblancheerde erwten, ontdooid
4 lente-uitjes (lente-ui), fijngesneden
30 ml / 2 eetlepels water
zout en peper

Meng garnalen met sesamolie en zout. Verhit de olie en fruit hierin de knoflook en gember 1 minuut. Voeg de garnalen toe en bak 2 minuten mee. Voeg de erwten toe en bak 1 minuut mee. Voeg de lente-uitjes en het water toe en breng op smaak met zout en peper en eventueel nog wat sesamolie. Verwarm, roer voorzichtig voor het opdienen.

Garnalen Met Mangochutney

voor 4 personen

12 garnalen

zout en peper

sap van 1 citroen

30 ml / 2 eetlepels maïsmeel (maïszetmeel)

1 mango

5 ml / 1 theelepel mosterdpoeder

5 ml / 1 theelepel honing

30 ml / 2 eetlepels kokoscrème

30 ml / 2 eetlepels lichte kerriepoeder

120 ml kippenbouillon

45 ml / 3 eetlepels arachideolie (pinda)

2 teentjes fijngehakte knoflook

2 lente-uitjes (lente-ui), fijngehakt

1 venkelknol, gehakt

100 g mango-augurk

Pel de garnalen en laat de staarten intact. Bestrooi met zout, peper en citroensap en bedek de helft van de maïsmeel. Schil de mango, snijd het vruchtvlees van de pit en hak het vruchtvlees fijn. Meng de mosterd, honing, kokoscrème, kerriepoeder, rest van de maïzena en het water. Verhit de helft van de olie en fruit hierin de knoflook, bosui en venkel 2 minuten. Voeg het bouillonmengsel toe, breng aan de kook en kook 1 minuut. Voeg de mangoblokjes en hete saus toe en verwarm zachtjes, en doe dan over op een warme serveerschaal. Verhit de rest van de olie en bak de garnalen 2 minuten. Leg ze op de groenten en serveer ze allemaal tegelijk.

Peking garnalen

voor 4 personen

30 ml / 2 eetlepels arachideolie

2 teentjes knoflook, fijngehakt

1 plakje gemberwortel, fijngehakt

225 g gepelde garnalen

4 lente-uitjes (lente-ui), in dikke plakken gesneden

120 ml kippenbouillon

5 ml / 1 theelepel bruine suiker

5 ml / 1 theelepel sojasaus

5 ml / 1 theelepel hoisinsaus

5 ml / 1 theelepel Tabasco-saus

Verhit de olie met de knoflook en gember en bak tot de knoflook licht goudbruin is. Voeg de garnalen toe en bak 1 minuut mee. Voeg de uien toe en bak 1 minuut mee. Voeg de resterende ingrediënten toe, breng aan de kook, dek af en kook gedurende 4 minuten, af en toe roerend. Controleer de kruiden en voeg een beetje meer Tabasco-saus toe als je wilt.

Gepeperde Garnalen

voor 4 personen

30 ml / 2 eetlepels arachideolie

1 fijngehakte groene paprika

450 g gepelde garnalen

10 ml / 2 theelepels maïsmeel (maïszetmeel)

60 ml / 4 eetlepels water

5 ml / 1 theelepel rijstwijn of droge sherry

2,5 ml / ½ theelepel zout

45 ml / 2 eetlepels tomatenpuree (puree)

Verhit de olie en bak de paprika's 2 minuten. Voeg de garnalen en tomatenpuree toe en meng goed. Meng het maïsmeelwater, de wijn of sherry en het zout tot een pasta-achtige consistentie, roer de koekenpan erdoor en kook al roerend tot de jus helder en dikker wordt.

Gebakken Garnalen Met Varkensvlees

voor 4 personen

225 g gepelde garnalen

100 g mager varkensvlees, gehakt

60 ml / 4 eetlepels rijstwijn of droge sherry

1 eiwit

45 ml / 3 eetlepels maïsmeel (maïszetmeel)

5 ml / 1 theelepel zout

15 ml / 1 eetlepel water (optioneel)

90 ml / 6 eetlepels arachideolie (pinda)

45 ml / 3 eetlepels visbouillon

5 ml / 1 theelepel sesamolie

Leg de garnalen en het varkensvlees op aparte borden. Meng 45 ml / 3 eetlepels wijn of sherry, eiwit, 30 ml / 2 eetlepels maïsmeel en zout tot een los deeg, voeg indien nodig water toe. Verdeel het mengsel tussen het varkensvlees en de garnalen en meng goed om gelijkmatig te coaten. Verhit de olie en bak het varkensvlees en de garnalen in een paar minuten goudbruin. Haal uit de pan en giet alles behalve 15 ml / 1 eetlepel olie erbij. Voeg de bouillon toe aan de koekenpan met de resterende wijn of sherry en maïsmeel. Breng aan de kook en kook, al roerend, tot de saus dikker wordt. Giet over garnalen en varkensvlees en serveer met een scheutje sesamolie.

Gebakken Garnalen Met Sherrysaus

voor 4 personen

50 g / 2 oz / ¬Ω kopje bloem voor alle doeleinden

2,5 ml / ¬Ω theelepel zout

1 ei, licht losgeklopt

30 ml / 2 eetlepels water

450 g gepelde garnalen

frituurolie

15 ml / 1 eetlepel arachideolie

1 ui fijngesneden

45 ml / 3 eetlepels rijstwijn of droge sherry

15 ml / 1 eetlepel sojasaus

120 ml visbouillon

10 ml / 2 theelepels maïsmeel (maïszetmeel)

30 ml / 2 eetlepels water

Meng bloem, zout, ei en water tot een deeg, voeg indien nodig wat meer water toe. Roer tot alles goed bedekt is met garnalen. Verhit de olie en bak de garnalen een paar minuten tot ze krokant en goudbruin zijn. Laat uitlekken op keukenpapier en leg op een warme serveerschaal. Verhit ondertussen de olie en fruit de ui glazig. Voeg de wijn of sherry, sojasaus en bouillon toe, breng aan de kook en kook 4 minuten. Meng de maïsmeel en het water tot een pasta, meng in de pan en kook al roerend tot de jus helder en dik is. Giet de saus over de garnalen en serveer.

Gebakken garnalen met sesam

voor 4 personen

450 g gepelde garnalen

½ eiwit

5 ml / 1 theelepel sojasaus

5 ml / 1 theelepel sesamolie

50 g maïsmeel (maizena)

zout en versgemalen witte peper

frituurolie

60 ml / 4 eetlepels sesam

Koolbladeren

Meng garnalen met eiwit, sojasaus, sesamolie, maïzena, zout en peper. Als het mengsel te dik is, voeg dan wat water toe. Verhit de olie en bak de garnalen een paar minuten tot ze lichtbruin zijn. Bak ondertussen de sesamzaadjes in een droge koekenpan kort goudbruin. Giet de garnalen af en meng met sesamzaadjes. Serveer op een bedje van sla.

Garnalen gebakken in hun schelp

voor 4 personen

60 ml / 4 eetlepels arachideolie

750 g ongepelde garnalen

3 lente-uitjes (lente-ui), fijngehakt

3 plakjes gemberwortel, gehakt

2,5 ml / ¬Ω theelepel zout

15 ml / 1 eetlepel rijstwijn of droge sherry

120 ml tomatensaus (ketchup)

15 ml / 1 eetlepel sojasaus

15 ml / 1 eetlepel suiker

15 ml / 1 eetlepel maïsmeel (maïszetmeel)

60 ml / 4 eetlepels water

Verhit de olie en bak de garnalen 1 minuut als ze gaar zijn of tot ze goudbruin zijn als ze rauw zijn. Voeg de bosui, gember, zout en wijn of sherry toe en bak 1 minuut. Tomatensaus, sojasaus en suiker toevoegen en 1 minuut meebakken. Combineer maïsmeel en water, roer de koekenpan erdoor en kook al roerend tot de saus helder en ingedikt is.

gefrituurde garnaal

voor 4 personen

75 g maïsmeel (maïzena)

1 eiwit

5 ml / 1 theelepel rijstwijn of droge sherry

Zout

350 g gepelde garnalen

frituurolie

Klop de maïsmeel, eiwitten, wijn of sherry en een snufje zout door elkaar tot een dik deeg. Doop de garnalen in het deeg tot ze goed bedekt zijn. Verhit de olie tot deze matig heet is en bak de garnalen in enkele minuten goudbruin. Haal uit de olie, verwarm tot heet en bak de garnalen opnieuw tot ze krokant en goudbruin zijn.

Garnalen Tempura

voor 4 personen

450 g gepelde garnalen

30 ml / 2 eetlepels bloem voor alle doeleinden

30 ml / 2 eetlepels maïsmeel (maïszetmeel)

30 ml / 2 eetlepels water

2 roereieren

frituurolie

Snijd de garnalen in het midden van de binnenbocht en spreid ze uit om een vlinder te vormen. Meng de bloem, maïzena en water tot een deeg en voeg dan de eieren toe. Verhit de olie en bak de garnalen goudbruin.

Kauwgom

voor 4 personen

30 ml / 2 eetlepels arachideolie

2 lente-uitjes (lente-ui), fijngehakt

1 teentje geplette knoflook

1 plakje gemberwortel, fijngehakt

100 g kipfilet, in reepjes gesneden

100 g ham, in reepjes gesneden

100 g bamboescheuten, in reepjes gesneden

100 g kastanjes, in reepjes gesneden

225 g gepelde garnalen

30 ml / 2 eetlepels sojasaus

30 ml / 2 eetlepels rijstwijn of droge sherry

5 ml / 1 theelepel zout

5 ml / 1 theelepel suiker

5 ml / 1 theelepel maïsmeel (maïszetmeel)

Verhit de olie en fruit hierin de bosuitjes, knoflook en gember lichtbruin. Kip toevoegen en 1 minuut meebakken. Voeg de ham, bamboescheuten en kastanjes toe en bak 3 minuten. Voeg de garnalen toe en bak 1 minuut mee. Voeg sojasaus, wijn of sherry, zout en suiker toe en bak 2 minuten. Meng de maïsmeel met wat water, roer in de pan en kook op laag vuur al roerend 2 minuten.

Garnalen Met Tofu

voor 4 personen

45 ml / 3 eetlepels arachideolie (pinda)

225 g tofu, in blokjes

1 lente-ui (ui), gesnipperd

1 teentje geplette knoflook

15 ml / 1 eetlepel sojasaus

5 ml / 1 theelepel suiker

90 ml / 6 eetlepels visbouillon

225 g gepelde garnalen

15 ml / 1 eetlepel maïsmeel (maïszetmeel)

45 ml / 3 eetlepels water

Verhit de helft van de olie en bak de tofu lichtbruin en haal uit de pan. Verhit de rest van de olie en fruit hierin de ui en knoflook tot ze lichtbruin zijn. Voeg sojasaus, suiker en bouillon toe en breng aan de kook. Voeg de garnalen toe en roer op laag vuur gedurende 3 minuten. Combineer de maïsmeel en het water tot een pasta, meng in de koekenpan en kook, al roerend, tot de saus dikker wordt. Doe de tofu terug in de pan en kook tot hij heet is.

Garnalen Met Tomaat

voor 4 personen

2 eiwitten

30 ml / 2 eetlepels maïsmeel (maïszetmeel)

5 ml / 1 theelepel zout

450 g gepelde garnalen

frituurolie

30 ml / 2 eetlepels rijstwijn of droge sherry

225 g tomaten, geschild, ontpit en in stukjes gesneden

Meng de eiwitten, maizena en zout. Voeg garnalen toe tot ze goed bedekt zijn. Verhit de olie en bak de garnalen gaar. Giet alles behalve 15 ml / 1 eetlepel olie en verwarm opnieuw. Voeg de wijn of sherry en tomaten toe en breng aan de kook. Voeg garnalen toe en verwarm snel voor het opdienen.

Garnalen In Tomatensaus

voor 4 personen

30 ml / 2 eetlepels arachideolie

1 teentje geplette knoflook

2 plakjes gemberwortel, gehakt

2,5 ml / ½ theelepel zout

15 ml / 1 eetlepel rijstwijn of droge sherry

15 ml / 1 eetlepel sojasaus

6 ml / 4 eetlepels tomatensaus (ketchup)

120 ml visbouillon

350 g gepelde garnalen

10 ml / 2 theelepels maïsmeel (maïszetmeel)

30 ml / 2 eetlepels water

Verhit de olie en fruit hierin de knoflook, gember en zout 2 minuten. Voeg de wijn of sherry, sojasaus, tomatensaus en bouillon toe en breng aan de kook. Voeg de garnalen toe, sluit het deksel en kook op laag vuur gedurende 2 minuten. Combineer de maïsmeel en het water tot een pasta, meng in de koekenpan en kook, al roerend, tot de saus helder en ingedikt is.

Garnalen en Chili in Tomatensaus

voor 4 personen

60 ml / 4 eetlepels arachideolie
15 ml / 1 eetlepel fijngehakte gember
15 ml / 1 eetlepel gehakte knoflook
15 ml / 1 eetlepel gehakte bieslook
60 ml / 4 eetlepels tomatenpuree (puree)
15 ml / 1 eetlepel hete saus
450 g gepelde garnalen
15 ml / 1 eetlepel maïsmeel (maïszetmeel)
15 ml / 1 eetlepel water

Verhit de olie en fruit hierin de gember, knoflook en bosui 1 minuut. Voeg tomatenpuree en peperpasta toe en meng goed. Voeg de garnalen toe en bak 2 minuten mee. Maak een pasta van maïsmeel en water, meng in de koekenpan en kook tot de saus dikker wordt. Dien meteen op.

Gebakken Garnalen Met Tomatensaus

voor 4 personen

50 g / 2 oz / ¬Ω kopje bloem voor alle doeleinden

2,5 ml / ¬Ω theelepel zout

1 ei, licht losgeklopt

30 ml / 2 eetlepels water

450 g gepelde garnalen

frituurolie

30 ml / 2 eetlepels arachideolie

1 ui fijngesneden

2 plakjes gemberwortel, gehakt

75 ml / 5 eetlepels tomatensaus (ketchup)

10 ml / 2 theelepels maïsmeel (maïszetmeel)

30 ml / 2 eetlepels water

Meng bloem, zout, ei en water tot een deeg, voeg indien nodig wat meer water toe. Roer tot alles goed bedekt is met garnalen. Verhit de olie en bak de garnalen een paar minuten tot ze krokant en goudbruin zijn. Laat uitlekken op keukenpapier.

Verhit ondertussen de olie en fruit hierin de ui en gember tot ze zacht zijn. Voeg de tomatensaus toe en kook 3 minuten. Combineer de maïsmeel en het water tot een pasta, meng in de koekenpan en kook, al roerend, tot de saus dikker wordt. Voeg garnalen toe aan de pan en kook op laag vuur tot ze goed verwarmd zijn. Dien meteen op.

Garnalen Met Groenten

voor 4 personen

15 ml / 1 eetlepel arachideolie

225 g broccoliroosjes

225 g champignons

225 g/8 oz bamboescheuten, in plakjes

450 g gepelde garnalen

120 ml kippenbouillon

5 ml / 1 theelepel maïsmeel (maïszetmeel)

5 ml / 1 theelepel oestersaus

2,5 ml / ½ theelepel suiker

2,5 ml/ ½ theelepel geraspte gemberwortel

een snufje versgemalen peper

Verhit de olie en bak de broccoli 1 minuut. Voeg de champignons en bamboescheuten toe en bak 2 minuten mee. Voeg de garnalen toe en bak 2 minuten mee. Combineer de resterende ingrediënten en meng met het garnalenmengsel. Breng aan de kook, roer en kook dan 1 minuut onder voortdurend roeren.

Waterkastanje Garnalen

voor 4 personen

60 ml / 4 eetlepels arachideolie

1 teentje gehakte knoflook

1 plakje gemberwortel, fijngehakt

450 g gepelde garnalen

30 ml / 2 eetlepels rijstwijn of droge sherry 225 g / 8 oz

kastanjes, in plakjes

30 ml / 2 eetlepels sojasaus

15 ml / 1 eetlepel maïsmeel (maïszetmeel)

45 ml / 3 eetlepels water

Verhit de olie en bak hierin de knoflook en gember lichtbruin. Voeg de garnalen toe en bak 1 minuut mee. Voeg wijn of sherry toe en meng goed. Voeg kastanjes toe en bak 5 minuten. Voeg overige ingrediënten toe en bak 2 minuten.

garnalen wontons

voor 4 personen

450 g gepelde garnalen, gehakt

225 g/8 oz gemengde groenten, gehakt

15 ml / 1 eetlepel sojasaus

2,5 ml / ¬Ω theelepel zout

een paar druppels sesamolie

40 wontonvellen

frituurolie

Meng garnalen, groenten, sojasaus, zout en sesamolie.

Om de wontons te vouwen, houdt u de huid in uw linkerhandpalm en plaatst u wat vulling in het midden. Bevochtig de randen met ei en vouw de huid in een driehoek, sluit de randen. Bevochtig de hoekjes met ei en draai ze om.

Verhit de olie en bak de wontons een voor een goudbruin. Laat goed uitlekken voor het opdienen.

Kip Abalone

voor 4 personen

400 g ingeblikte abalone

30 ml / 2 eetlepels arachideolie

100 g kipfilet, in stukjes gesneden

100 g/4 oz bamboescheuten, in plakjes

250 ml / 8 fl oz / 1 kop visbouillon

15 ml / 1 eetlepel rijstwijn of droge sherry

5 ml / 1 theelepel suiker

2,5 ml / ¬Ω theelepel zout

15 ml / 1 eetlepel maïsmeel (maïszetmeel)

45 ml / 3 eetlepels water

Zeef de abalone en snijd in plakjes door het sap te scheiden. Verhit de olie en bak de kip licht van kleur. Voeg de abalone en bamboescheuten toe en bak 1 minuut mee. Voeg de abalone-vloeistof, bouillon, wijn of sherry, suiker en zout toe, breng aan de kook en kook gedurende 2 minuten. Combineer de maïsmeel en het water tot een pasta en kook al roerend tot de saus helder en ingedikt is. Dien meteen op.

Abalone met asperges

voor 4 personen

10 gedroogde Chinese champignons

30 ml / 2 eetlepels arachideolie

15 ml / 1 eetlepel water

225 g asperges

2,5 ml / ½ theelepel vissaus

15 ml / 1 eetlepel maïsmeel (maïszetmeel)

225 g ingeblikte abalone, in plakjes

60 ml / 4 eetlepels bouillon

½ kleine wortel, in plakjes

5 ml / 1 theelepel sojasaus

5 ml / 1 theelepel oestersaus

5 ml / 1 theelepel rijstwijn of droge sherry

Week de champignons 30 minuten in warm water en giet ze af. Gooi de stelen weg. Verhit 15 ml / 1 eetlepel olie met water en bak de champignons 10 minuten. Kook ondertussen de asperges in kokend water met vissaus en 5 ml / 1 theelepel maïsmeel gaar. Laat goed uitlekken en leg ze op een verwarmde serveerschaal met de champignons. houd ze warm. Verhit de resterende olie en bak de abalone een paar seconden, voeg dan de rest van de bouillon, wortelen, sojasaus, oestersaus, wijn of sherry en maïzena toe. Kook ongeveer 5 minuten tot ze gaar zijn, giet dan over de asperges en serveer.

Paddestoel Abalone

voor 4 personen

6 gedroogde Chinese champignons
400 g ingeblikte abalone
45 ml / 3 eetlepels arachideolie (pinda)
2,5 ml / ¬Ω theelepel zout
15 ml / 1 eetlepel rijstwijn of droge sherry
3 lente-uitjes (lente-ui), in dikke plakken gesneden

Week de champignons 30 minuten in warm water en giet ze af. Gooi de stelen weg en snijd de topjes eraf. Zeef de abalone en snijd in plakjes door het sap te scheiden. Verhit de olie en bak het zout en de champignons 2 minuten. Voeg de abalone-vloeistof en sherry toe, breng aan de kook, dek af en laat 3 minuten sudderen. Voeg de abalone en lente-uitjes toe en bak tot ze goed warm zijn. Dien meteen op.

Abalone met oestersaus

voor 4 personen

400 g ingeblikte abalone

15 ml / 1 eetlepel maïsmeel (maïszetmeel)

15 ml / 1 eetlepel sojasaus

45 ml / 3 eetlepels oestersaus

30 ml / 2 eetlepels arachideolie

50 g gerookte ham, in stukjes gesneden

Leeg het blik abalone, scheid 90 ml / 6 eetlepels van de vloeistof. Meng dit met maïsmeel, sojasaus en oestersaus. Verhit de olie en bak de uitgelekte abalone 1 minuut. Voeg het sausmengsel toe en kook al roerend ongeveer 1 minuut tot het goed is opgewarmd. Breng over naar een warme serveerschaal en garneer met ham om te serveren.

gestoomde oesters

voor 4 personen

24 oesters

Wrijf de oesters goed in en laat ze vervolgens enkele uren weken in gezouten water. Spoel af onder stromend water en doe in een ondiepe ovenvaste kom. Leg ze op het rek in een stomer, dek af en stoom ongeveer 10 minuten boven kokend water, tot alle oesters open zijn. Gooi de restjes weg. Serveer met sauzen.

Oesters met taugé

voor 4 personen

24 oesters

15 ml / 1 eetlepel arachideolie

150 g taugé

1 groene paprika in reepjes gesneden

2 lente-uitjes (lente-ui), fijngehakt

15 ml / 1 eetlepel rijstwijn of droge sherry

zout en versgemalen zwarte peper

2,5 ml / ¬Ω theelepel sesamolie

50 g gerookte ham, in stukjes gesneden

Wrijf de oesters goed in en laat ze vervolgens enkele uren weken in gezouten water. Spoel af onder stromend water. Breng water aan de kook in een pan, voeg de mosselen toe en kook een paar minuten tot ze opengaan. Leeg en gooi eventuele restjes weg. Haal de oesters uit hun schelp.

Verhit de olie en bak de taugé 1 minuut. Voeg de paprika en lente-ui toe en bak 2 minuten mee. Voeg wijn of sherry toe en breng op smaak met zout en peper. Eenmaal opgewarmd, voeg de oesters toe en roer tot ze goed gemengd en goed opgewarmd zijn. Breng het over naar een hete serveerschaal en serveer door er sesamolie en ham op te sprenkelen.

Oesters Met Gember En Knoflook

voor 4 personen

24 oesters
15 ml / 1 eetlepel arachideolie
2 plakjes gemberwortel, gehakt
2 teentjes knoflook, fijngehakt
15 ml / 1 eetlepel water
5 ml / 1 theelepel sesamolie
zout en versgemalen zwarte peper

Wrijf de oesters goed in en laat ze vervolgens enkele uren weken in gezouten water. Spoel af onder stromend water. Verhit de olie en bak de gember en knoflook 30 seconden. Voeg de oesters, het water en de sesamolie toe, sluit het deksel en kook ongeveer 5 minuten tot de mosselen opengaan. Gooi de restjes weg. Kruid licht met peper en zout en serveer direct.

gebakken oesters

voor 4 personen

24 oesters

60 ml / 4 eetlepels arachideolie

4 teentjes knoflook, fijngehakt

1 gesnipperde ui

2,5 ml / ¬Ω theelepel zout

Wrijf de oesters goed in en laat ze vervolgens enkele uren weken in gezouten water. Afspoelen onder stromend water en vervolgens afdrogen. Verhit de olie en fruit de knoflook, ui en zout tot ze zacht zijn. Voeg de oesters toe, dek af en kook ongeveer 5 minuten tot alle schelpen open zijn. Gooi de restjes weg. Besprenkel met olie en bak nog 1 minuut zachtjes.

krabkoekjes

voor 4 personen

225 g taugé

60 ml / 4 eetlepels arachideolie 100 g / 4 oz bamboescheuten, in reepjes gesneden

1 gesnipperde ui

225 g krabvlees, in blokjes

4 eieren, licht losgeklopt

15 ml / 1 eetlepel maïsmeel (maïszetmeel)

30 ml / 2 eetlepels sojasaus

zout en versgemalen zwarte peper

Giet de taugé na 4 minuten koken in kokend water af. Verhit de helft van de olie en fruit hierin de taugé, bamboescheuten en ui tot ze zacht zijn. Haal van het vuur en meng met andere ingrediënten behalve olie. Verhit de resterende olie in een schone koekenpan en bak een eetlepel van het krabvleesmengsel om kleine cakes te maken. Bak tot ze aan beide kanten lichtbruin zijn en serveer dan onmiddellijk.

krab crème

voor 4 personen

225g / 8oz krabvlees
5 roereieren
1 lente-ui (groene ui) fijngehakt
250 ml / 8 fl oz / 1 kopje water
5 ml / 1 theelepel zout
5 ml / 1 theelepel sesamolie

Meng alle ingrediënten grondig. Doe in een kom, dek af en plaats au bain-marie of op een stoomrek boven heet water. Stoom gedurende ongeveer 35 minuten, af en toe roerend, tot de consistentie van custard. Serveer met rijst.

Chinees Bladkrabvlees

voor 4 personen

450 g Chinese bladeren, geraspt

45 ml / 3 eetlepels olie

2 lente-uitjes (lente-ui), fijngehakt

225g / 8oz krabvlees

15 ml / 1 eetlepel sojasaus

15 ml / 1 eetlepel rijstwijn of droge sherry

5 ml / 1 theelepel zout

Blancheer de Chinese bladeren 2 minuten in kokend water, laat goed uitlekken en spoel af met koud water. Verhit de olie en fruit hierin de lente-uitjes tot ze lichtbruin zijn. Voeg krabvlees toe en bak 2 minuten. Voeg de Chinese bladeren toe en bak 4 minuten mee. Voeg sojasaus, wijn of sherry en zout toe en meng goed. Voeg bouillon en maïsmeel toe, breng aan de kook en kook, al roerend, gedurende 2 minuten, tot de saus helder en ingedikt is.

Foo Yung-krab met taugé

voor 4 personen

6 roereieren

45 ml / 3 eetlepels maïsmeel (maïszetmeel)

225g / 8oz krabvlees

100 g taugé

2 lente-uitjes (lente-ui), fijngehakt

2,5 ml / ½ theelepel zout

45 ml / 3 eetlepels arachideolie (pinda)

Klop de eieren los en voeg dan de maïsmeel toe. Meng de resterende ingrediënten behalve olie. Verhit de olie en giet het mengsel langzaam in de pan om kleine pannenkoekjes van ongeveer 7,5 cm breed te maken. Bak tot ze goudbruin zijn aan de onderkant, draai ze om en bak de andere kant.

Gember Krab

voor 4 personen

15 ml / 1 eetlepel arachideolie

2 plakjes gemberwortel, gehakt

4 lente-uitjes (lente-ui), fijngesneden

3 teentjes knoflook, fijngehakt

1 rode paprika gehakt

350 g krabvlees, in blokjes

2,5 ml / ½ theelepel vispasta

2,5 ml / ½ theelepel sesamolie

15 ml / 1 eetlepel rijstwijn of droge sherry

5 ml / 1 theelepel maïsmeel (maïszetmeel)

15 ml / 1 eetlepel water

Verhit de olie en fruit hierin de gember, bosui, knoflook en peper 2 minuten. Voeg het krabvlees toe en meng tot het goed bedekt is met de kruiden. Voeg de vispasta toe. Maal de resterende ingrediënten tot een pasta, doe ze in de pan en bak ze 1 minuut. Dien meteen op.

Krab Lo Mein

voor 4 personen

100 g taugé

30 ml / 2 eetlepels arachideolie

5 ml / 1 theelepel zout

1 gesneden ui

100 g champignons, in plakjes

225 g krabvlees, in blokjes

100 g/4 oz bamboescheuten, in plakjes

gebakken noedels

30 ml / 2 eetlepels sojasaus

5 ml / 1 theelepel suiker

5 ml / 1 theelepel sesamolie

zout en versgemalen zwarte peper

Giet de taugé na 5 minuten koken in kokend water af. Verhit de olie en fruit hierin het zout en de ui tot ze zacht zijn. Voeg de champignons toe en bak tot ze zacht zijn. Voeg krabvlees toe en bak 2 minuten. Voeg de taugé en bamboescheuten toe en bak 1 minuut mee. Voeg de uitgelekte noedels toe aan de pan en meng lichtjes. Meng sojasaus, suiker en sesamolie en breng op smaak met zout en peper. Roer in de pan tot het erdoorheen is verwarmd.

Gebakken Krab Met Varkensvlees

voor 4 personen

30 ml / 2 eetlepels arachideolie

100g / 4oz varkensgehakt (gemalen)

350 g krabvlees, in blokjes

2 plakjes gemberwortel, gehakt

2 eieren, licht losgeklopt

15 ml / 1 eetlepel sojasaus

15 ml / 1 eetlepel rijstwijn of droge sherry

30 ml / 2 eetlepels water

zout en versgemalen zwarte peper

4 lente-uitjes (lente-uitjes), in reepjes gesneden

Verhit de olie en bak het vlees lichtbruin. Voeg het krabvlees en de gember toe en bak 1 minuut. Voeg de eieren toe. Voeg sojasaus, wijn of sherry, water, zout en peper toe en kook al roerend ongeveer 4 minuten. Serveer gegarneerd met bieslook.

Gebakken krabvlees

voor 4 personen

30 ml / 2 eetlepels arachideolie

450 g krabvlees, in blokjes

2 lente-uitjes (lente-ui), fijngehakt

2 plakjes gemberwortel, gehakt

30 ml / 2 eetlepels sojasaus

30 ml / 2 eetlepels rijstwijn of droge sherry

2,5 ml / ¬Ω theelepel zout

15 ml / 1 eetlepel maïsmeel (maïszetmeel)

60 ml / 4 eetlepels water

Verhit de olie en bak het krabvlees, de bosui en de gember 1 minuut. Voeg sojasaus, wijn of sherry en zout toe, dek af en laat 3 minuten sudderen. Meng de maïsmeel en het water tot een pasta, meng in de pan en kook al roerend tot de jus helder en dik is.

gefrituurde inktvisballetjes

voor 4 personen

450 g / 1 pond inktvis

50 g / 2 oz reuzel, geplet

1 eiwit

2,5 ml / ½ theelepel suiker

2,5 ml / ½ theelepel maïzena (maizena)

zout en versgemalen zwarte peper

frituurolie

Snijd de inktvis en pureer of pulp het. Meng reuzel, eiwit, suiker en maïzena erdoor en breng op smaak met zout en peper. Druk het mengsel in balletjes. Verhit de olie en bak de inktvisballetjes, indien nodig, in porties tot ze naar de oppervlakte van de olie komen en goudbruin worden. Laat goed uitlekken en dien meteen op.

kantonese kreeft

voor 4 personen

2 kreeften

30 ml / 2 eetlepels olie

15 ml / 1 eetlepel zwarte bonensaus

1 teentje geplette knoflook

1 gesnipperde ui

225 g varkensgehakt (gemalen)

45 ml / 3 eetlepels sojasaus

5 ml / 1 theelepel suiker

zout en versgemalen zwarte peper

15 ml / 1 eetlepel maïsmeel (maïszetmeel)

75 ml / 5 eetlepels water

1 roerei

Versnipper de kreeften, verwijder het vlees en snijd ze in blokjes van 2,5 cm. Verhit de olie en fruit hierin de zwarte bonensaus, knoflook en ui lichtbruin. Voeg varkensvlees toe en bak tot het goudbruin is. Voeg sojasaus, suiker, zout, peper en kreeft toe, dek af en laat ongeveer 10 minuten sudderen. Combineer de maïsmeel en het water tot een pasta, meng in de koekenpan en kook, al roerend, tot de saus helder en ingedikt is. Zet het vuur uit en voeg het ei toe voor het opdienen.

gebakken kreeft

voor 4 personen

450 g kreeftenvlees

30 ml / 2 eetlepels sojasaus

5 ml / 1 theelepel suiker

1 roerei

30 ml / 3 eetlepels bloem voor alle doeleinden

frituurolie

Snijd het kreeftenvlees in blokjes van 2,5 cm / 1 en meng met sojasaus en suiker. Laat 15 minuten staan en zeef dan. Klop het ei en de bloem door elkaar, voeg dan de kreeft toe en meng goed om te coaten. Verhit de olie en bak de kreeft goudbruin. Laat voor het serveren uitlekken op keukenpapier.

Gestoomde kreeft met ham

voor 4 personen

4 eieren, licht losgeklopt

60 ml / 4 eetlepels water

5 ml / 1 theelepel zout

15 ml / 1 eetlepel sojasaus

450 g kreeftenvlees, in blokjes

15 ml / 1 eetlepel gehakte gerookte ham

15 ml / 1 eetlepel gehakte verse peterselie

Klop de eieren los met water, zout en sojasaus. Giet in een vuurvaste kom en besprenkel met kreeftenvlees. Plaats de kom op het rek in een stomer, dek af en stoom gedurende 20 minuten tot de eieren gestold zijn. Serveer gegarneerd met ham en peterselie.

Kreeft Met Champignons

voor 4 personen

450 g kreeftenvlees

15 ml / 1 eetlepel maïsmeel (maïszetmeel)

60 ml / 4 eetlepels water

30 ml / 2 eetlepels arachideolie

4 lente-uitjes (lente-ui), in dikke plakken gesneden

100 g champignons, in plakjes

2,5 ml / ½ theelepel zout

1 teentje geplette knoflook

30 ml / 2 eetlepels sojasaus

15 ml / 1 eetlepel rijstwijn of droge sherry

Snijd het kreeftenvlees in blokjes van 2,5 cm. Maak een pasta van de maïsmeel en het water en gooi de kreeftblokjes in het mengsel om te coaten. Verhit de helft van de olie en bak de kreeftblokjes licht goudbruin, haal uit de pan. Verhit de rest van de olie en fruit hierin de uien lichtbruin. Voeg de champignons toe en bak 3 minuten mee. Voeg zout, knoflook, sojasaus en wijn of sherry toe en bak 2 minuten. Doe de kreeften terug in de pan en bak tot ze goed verhit zijn.

Varkensvlees Kreeftstaarten

voor 4 personen

3 gedroogde Chinese champignons
4 kreeftenstaarten
60 ml / 4 eetlepels arachideolie
100g / 4oz varkensgehakt (gemalen)
50 g kastanjes, fijngehakt
zout en versgemalen zwarte peper
2 teentjes knoflook, fijngehakt
45 ml / 3 eetlepels sojasaus
30 ml / 2 eetlepels rijstwijn of droge sherry
30 ml / 2 eetlepels zwarte bonensaus
10 ml / 2 eetlepels maïsmeel (maïszetmeel)
120 ml / 4 fl oz / ¬Ω beker

Week de champignons 30 minuten in warm water en giet ze af. Gooi de stelen weg en hak de topjes. Snijd de kreeftenstaarten in de lengte doormidden. Haal het vlees uit de kreeftenstaarten door de schelpen te scheiden. Verhit de helft van de olie en bak het vlees tot het lichtbruin kleurt. Haal van het vuur en meng champignons, kreeftenvlees, kastanjes, zout en peper. Druk het vlees terug in de kreeftenschalen en leg het op een bakplaat. Leg ze op een rooster in de stomer, dek af en stoom ongeveer 20 minuten tot ze gaar zijn. Verhit ondertussen de resterende olie en fruit de knoflook, sojasaus, wijn of sherry en zwarte bonensaus 2 minuten. Meng de maïsmeel en het water tot een pasta-achtige consistentie, doe het in een pan en kook al roerend tot de saus dikker wordt. Leg de kreeften op een warme serveerschaal, giet de saus erover en serveer direct.

gesauteerde kreeft

voor 4 personen

450 g / 1 lb kreeftenstaarten

30 ml / 2 eetlepels arachideolie

1 teentje geplette knoflook

2,5 ml / ¬Ω theelepel zout

350 g taugé

50g / 2oz champignons

4 lente-uitjes (lente-ui), in dikke plakken gesneden

150 ml kippenbouillon

15 ml / 1 eetlepel maïsmeel (maïszetmeel)

Breng een pan met water aan de kook, voeg de kreeftenstaarten toe en kook gedurende 1 minuut. Zeef, koel af, verwijder de schil en snijd in dikke plakken. Verhit de olie met de knoflook en het zout en bak tot de knoflook licht goudbruin is. Voeg kreeft toe en bak 1 minuut. Voeg de taugé en champignons toe en bak 1 minuut mee. Voeg de knoflook toe. Voeg het grootste deel van de bouillon toe, breng aan de kook, dek af en laat 3 minuten sudderen. Meng de maïsmeel met het resterende water, roer in de pan en kook, al roerend, tot de saus helder en ingedikt is.

kreeft nesten

voor 4 personen

30 ml / 2 eetlepels arachideolie

5 ml / 1 theelepel zout

1 ui, dun gesneden

100 g champignons, in plakjes

100g / 4oz bamboescheuten, gesneden 225g / 8oz gekookt kreeftenvlees

15 ml / 1 eetlepel rijstwijn of droge sherry

120 ml kippenbouillon

een snufje versgemalen peper

10 ml / 2 theelepels maïsmeel (maïszetmeel)

15 ml / 1 eetlepel water

4 manden noedels

Verhit de olie en fruit hierin het zout en de ui tot ze zacht zijn. Voeg de champignons en bamboescheuten toe en bak 2 minuten mee. Voeg het kreeftenvlees, de wijn of sherry en de bouillon toe, breng aan de kook, dek af en laat 2 minuten koken. Breng op smaak met peper. Combineer de maïsmeel en het water tot een pasta, meng in de koekenpan en kook, al roerend, tot de saus dikker wordt. Leg de noedelnestjes op een warme serveerschaal en bak ze mee met de kreeft.

Mosselen in zwarte bonensaus

voor 4 personen

45 ml / 3 eetlepels arachideolie (pinda)
2 teentjes knoflook, fijngehakt
2 plakjes gemberwortel, gehakt
30 ml / 2 eetlepels zwarte bonensaus
15 ml / 1 eetlepel sojasaus
1,5 kg / 3 lb mosselen, gewassen en bebaard
2 lente-uitjes (lente-ui), fijngehakt

Verhit de olie en fruit hierin de knoflook en gember 30 seconden. Voeg de zwarte bonensaus en sojasaus toe en bak 10 seconden. Voeg de mosselen toe, dek af en kook ongeveer 6 minuten tot de mosselen opengaan. Gooi de restjes weg. Serveer op een warm bord en bestrooi met paprikapoeder.

Mosselen Met Gember

voor 4 personen

45 ml / 3 eetlepels arachideolie (pinda)

2 teentjes knoflook, fijngehakt
4 plakjes gemberwortel, fijngehakt
1,5 kg / 3 lb mosselen, gewassen en bebaard
45 ml / 3 eetlepels water
15 ml / 1 eetlepel oestersaus

Verhit de olie en fruit hierin de knoflook en gember 30 seconden. Voeg de mosselen en het water toe, sluit het deksel en kook ongeveer 6 minuten tot de mosselen opengaan. Gooi de restjes weg. Breng over naar een warme serveerschaal en besprenkel met oestersaus en serveer.

gestoomde mosselen

voor 4 personen

1,5 kg / 3 lb mosselen, gewassen en bebaard
45 ml / 3 eetlepels sojasaus
3 lente-uitjes (lente-uitjes), fijngehakt

Doe de mosselen op het rek in een stomer, dek af en stoom ongeveer 10 minuten boven kokend water tot alle mosselen open zijn. Gooi de restjes weg. Breng over naar een warme serveerschaal en serveer met een snufje sojasaus en lente-uitjes.

gebakken oesters

voor 4 personen

24 schelp oesters
zout en versgemalen zwarte peper
1 roerei
50 g / 2 oz / ¬Ω kopje bloem voor alle doeleinden
250 ml / 8 fl oz / 1 kopje water
frituurolie
4 lente-uitjes (lente-ui), fijngesneden

Kruid de oesters met peper en zout. Klop het ei met bloem en water tot een deeg en bedek daarmee de oesters. Verhit de olie en bak de oesters goudbruin. Laat uitlekken op keukenpapier en garneer met lente-uitjes en serveer.

Oesters Met Bacon

voor 4 personen

175 g spek
24 schelp oesters

1 ei, licht losgeklopt

15 ml / 1 eetlepel water

45 ml / 3 eetlepels arachideolie (pinda)

2 gesnipperde uien

15 ml / 1 eetlepel maïsmeel (maïszetmeel)

15 ml / 1 eetlepel sojasaus

90 ml / 6 eetlepels kippenbouillon

Snijd de bacon in stukjes en wikkel om elke oester een stukje. Klop het ei los met water en dip de oesters erin om ze te coaten. Verhit de helft van de olie en bak de oesters aan beide kanten lichtbruin, haal ze uit de pan en giet de olie af. Verhit de rest van de olie en fruit hierin de uien tot ze zacht zijn. Meng de maïsmeel, sojasaus en bouillon tot een pasta-achtige consistentie, giet in de pan en kook al roerend tot de saus helder wordt en dikker wordt. Giet over de oesters en dien onmiddellijk op.

Gember gebakken oesters

voor 4 personen

24 schelp oesters

2 plakjes gemberwortel, gehakt

30 ml / 2 eetlepels sojasaus

15 ml / 1 eetlepel rijstwijn of droge sherry

4 lente-uitjes (lente-uitjes), in reepjes gesneden

100 gram spek

1 ei

50 g / 2 oz / ¬Ω kopje bloem voor alle doeleinden

zout en versgemalen zwarte peper

frituurolie

1 citroen in plakjes gesneden

Doe de oesters in een kom met de gember, sojasaus en wijn of sherry en bedek ze goed. Wacht 30 minuten. Leg op elke oester een paar reepjes lente-ui. Snijd de bacon in stukjes en wikkel om elke oester een stukje. Klop het ei en de bloem tot een deeg en breng op smaak met zout en peper. Doop de oesters in het beslag tot ze goed bedekt zijn. Verhit de olie en bak de oesters goudbruin. Serveer gegarneerd met schijfjes citroen.

Oesters Met Zwarte Bonensaus

voor 4 personen

350 g gepelde oesters

120 ml / 4 fl oz / ¬Ω kopje arachideolie (pinda)

2 teentjes knoflook, fijngehakt

3 lente-uitjes (lente-uitjes), in plakjes

15 ml / 1 eetlepel zwarte bonensaus

30 ml / 2 eetlepels donkere sojasaus
15 ml / 1 eetlepel sesamolie
een snufje chilipoeder

Blancheer de oesters 30 seconden in kokend water en giet ze af. Verhit de olie en fruit hierin de knoflook en lente-uitjes 30 seconden. Voeg zwarte bonensaus, sojasaus, sesamolie en oesters toe en breng op smaak met chilipoeder. Bak tot zeer heet en dien onmiddellijk op.

Kam met bamboescheuten

voor 4 personen

60 ml / 4 eetlepels arachideolie
6 lente-uitjes (lente-uitjes), fijngehakt
225 g champignons, in kwarten
15 ml / 1 eetlepel suiker
450 g schaaldieren
2 plakjes gemberwortel, gehakt

225 g/8 oz bamboescheuten, in plakjes
zout en versgemalen zwarte peper
300 ml / ¬Ω pt / 1 ¬° glas water
30 ml / 2 eetlepels wijnazijn
30 ml / 2 eetlepels maïsmeel (maïszetmeel)
150 ml / ¬° pt / royale ¬Ω beker
45 ml / 3 eetlepels sojasaus

Verhit de olie en bak hierin de lente-uitjes en champignons 2 minuten. Voeg suiker, sint-jakobsschelpen, gember, bamboescheuten, zout en peper toe, dek af en kook gedurende 5 minuten. Voeg het water en de wijnazijn toe, breng aan de kook, dek af en laat 5 minuten sudderen. Combineer de maïsmeel en het water tot een pasta, meng in de koekenpan en kook, al roerend, tot de saus dikker wordt. Breng op smaak met sojasaus en serveer.

Ei kam

voor 4 personen

45 ml / 3 eetlepels arachideolie (pinda)
350 g sint-jakobsschelpen
25 g gerookte ham, in stukjes gesneden
30 ml / 2 eetlepels rijstwijn of droge sherry
5 ml / 1 theelepel suiker
2,5 ml / ¬Ω theelepel zout
een snufje versgemalen peper
2 eieren, licht losgeklopt
15 ml / 1 eetlepel sojasaus

Verhit de olie en bak de sint-jakobsschelpen 30 seconden. Voeg de ham toe en bak 1 minuut mee. Voeg de wijn of sherry, suiker, zout en peper toe en bak 1 minuut. Voeg de eieren toe en meng voorzichtig op hoog vuur tot de ingrediënten goed bedekt zijn met het ei. Serveer bestrooid met sojasaus.

Sint-jakobsschelpen met broccoli

voor 4 personen

350 g sint-jakobsschelpen, in plakjes

3 plakjes gemberwortel, gehakt

½ kleine wortel, in plakjes

1 teentje geplette knoflook

45 ml / 3 eetlepels gewone bloem (voor alle doeleinden)

2,5 ml / ½ theelepel baking soda (baking soda)

30 ml / 2 eetlepels arachideolie

15 ml / 1 eetlepel water

1 gesneden banaan

frituurolie

275 g broccoli

Zout

5 ml / 1 theelepel sesamolie

2,5 ml / ½ theelepel chilisaus

2,5 ml / ½ theelepel wijnazijn

2,5 ml / ½ theelepel tomatenpuree (puree)

Meng de coquilles met gember, wortel en knoflook en laat even staan. Meng de bloem, zuiveringszout, 15 ml/1 el olie en water tot een pasta en gebruik dit om de plakjes banaan te bedekken. Verhit de olie en bak de banaan goudbruin, giet af en plaats rond een hete serveerschaal. Kook ondertussen de broccoli gaar in kokend water met zout en giet af. Verhit de rest van de olie met de sesamolie en bak de broccoli kort en leg deze rond het bord met de bakbananen. Voeg de pepersaus, wijnazijn en tomatenpuree toe aan de pan en bak de coquilles gaar. Breng over naar een serveerschaal en dien onmiddellijk op.

Gember Kam

voor 4 personen

45 ml / 3 eetlepels arachideolie (pinda)

2,5 ml / ¬Ω theelepel zout

3 plakjes gemberwortel, gehakt

2 lente-uitjes (lente-ui), in dikke plakken gesneden

450 g sint-jakobsschelpen, gehalveerd

15 ml / 1 eetlepel maïsmeel (maïszetmeel)

60 ml / 4 eetlepels water

Verhit de olie en bak het zout en de gember 30 seconden. Voeg de wortels toe en bak tot ze lichtbruin zijn. Voeg de wortels toe en bak 3 minuten. Maak een pasta van maïsmeel en water, voeg toe aan de pan en kook op laag vuur, al roerend, tot het ingedikt is. Dien meteen op.

Ham Sint-jakobsschelpen

voor 4 personen

450 g sint-jakobsschelpen, gehalveerd

250 ml rijstwijn of droge sherry

1 ui fijngesneden

2 plakjes gemberwortel, gehakt

2,5 ml / ¬Ω theelepel zout

100 g gerookte ham, in blokjes

Doe de coquilles in een kom en voeg wijn of sherry toe. Dek af en marineer gedurende 30 minuten, draai af en toe, laat de sint-jakobsschelpen uitlekken en gooi de marinade weg. Leg de gehaktballetjes op een bakplaat met de overige ingrediënten. Zet de schaal op het rooster in een stomer, dek af en stoom ongeveer 6 minuten boven kokend water tot de sint-jakobsschelpen gaar zijn.

Omelet met coquilles en kruiden

voor 4 personen

225 g sint-jakobsschelpen

30 ml / 2 eetlepels gehakte verse koriander

4 roereieren

15 ml / 1 eetlepel rijstwijn of droge sherry

zout en versgemalen zwarte peper

15 ml / 1 eetlepel arachideolie

Doe de sint-jakobsschelpen in een stomer en stoom ze in ongeveer 3 minuten gaar, afhankelijk van hun grootte. Haal uit de stomer en bestrooi met koriander. Klop de eieren los met wijn of sherry en breng op smaak met zout en peper. Voeg de coquilles en koriander toe. Verhit de olie en bak het mengsel van eieren en sint-jakobsschelpen, onder voortdurend roeren, tot de eieren stevig zijn. Serveer nu.

Gebakken Sint-jakobsschelpen en uien

voor 4 personen

45 ml / 3 eetlepels arachideolie (pinda)

1 gesneden ui

450 g sint-jakobsschelpen, in kwarten
zout en versgemalen zwarte peper
15 ml / 1 eetlepel rijstwijn of droge sherry

Verhit de olie en fruit de ui tot deze zacht is. Voeg de spinazie toe en bak deze lichtbruin. Breng op smaak met zout en peper, besprenkel met wijn of sherry en dien onmiddellijk op.

Groente Sint-jakobsschelpen

voor 4'6

4 gedroogde Chinese champignons
2 uien

30 ml / 2 eetlepels arachideolie

3 stengels bleekselderij, dwars doorgesneden

225 g sperziebonen, diagonaal gesneden

10 ml / 2 theelepels geraspte gemberwortel

1 teentje geplette knoflook

20 ml / 4 theelepels maïsmeel (maïszetmeel)

250 ml kippenbouillon

30 ml / 2 eetlepels rijstwijn of droge sherry

30 ml / 2 eetlepels sojasaus

450 g sint-jakobsschelpen, in kwarten

6 lente-uitjes (lente-uitjes), in plakjes

425 g / 15 oz maïskolf ingeblikt

Week de champignons 30 minuten in warm water en giet ze af. Gooi de stelen weg en snijd de topjes eraf. Snijd de uien in partjes en haal de lagen uit elkaar. Verhit de olie en fruit de ui, bleekselderij, bonen, gember en knoflook 3 minuten. Meng de maïsmeel met wat bouillon en meng dan met de resterende bouillon, wijn of sherry en sojasaus. Voeg toe aan de wok en breng al roerend aan de kook. Voeg de champignons, sint-jakobsschelpen, lente-uitjes en maïs toe en bak tot de sint-jakobsschelpen zacht zijn, ongeveer 5 minuten.

Peper coquilles

voor 4 personen

30 ml / 2 eetlepels arachideolie

3 lente-uitjes (lente-ui), fijngehakt

1 teentje geplette knoflook

2 plakjes gemberwortel, gehakt

2 fijngehakte rode paprika's

450 g schaaldieren

30 ml / 2 eetlepels rijstwijn of droge sherry

15 ml / 1 eetlepel sojasaus

15 ml / 1 eetlepel gele bonensaus

5 ml / 1 theelepel suiker

5 ml / 1 theelepel sesamolie

Verhit de olie en fruit hierin de bosui, knoflook en gember 30 seconden. Voeg de paprika toe en bak 1 minuut mee. Voeg de sint-jakobsschelpen toe en bak 30 seconden, voeg dan de resterende ingrediënten toe en kook tot de sint-jakobsschelpen zacht zijn, ongeveer 3 minuten.

Inktvis met taugé

voor 4 personen

450 g / 1 kg inktvis

30 ml / 2 eetlepels arachideolie

15 ml / 1 eetlepel rijstwijn of droge sherry

100 g taugé

15 ml / 1 eetlepel sojasaus

Zout

1 rode paprika, geraspt

2 plakjes gemberwortel, geraspt

2 lente-uitjes (lente-ui), geraspt

Verwijder de kop, ingewanden en schil van de inktvis en snijd in grote stukken. Knip een diagonaal patroon op elk stuk. Breng water aan de kook in een pan, voeg de inktvis toe en kook op laag vuur tot de stukjes rond zijn, verwijder en zeef. Verhit de helft van de olie en bak de inktvis snel aan. Besprenkel met wijn of sherry. Verhit ondertussen de rest van de olie en fruit hierin de taugé tot ze zacht zijn. Breng op smaak met sojasaus en zout. Schik de peper, gember en lente-uitjes rond de serveerschaal. Leg de taugé in het midden en bedek met de inktvis. Dien meteen op.

gefrituurde inktvis

voor 4 personen

50 g bloem voor alle doeleinden

25 g / 1 oz / ¬° kopje maïzena (maizena)

2,5 ml / ¬Ω theelepel zuiveringszout

2,5 ml / ¬Ω theelepel zout

1 ei

75 ml / 5 eetlepels water

15 ml / 1 eetlepel arachideolie

450 g inktvis, in ringen gesneden

frituurolie

Klop de bloem, maïzena, bakpoeder, zout, ei, water en olie tot een deeg. Doop de inktvis in het deeg tot deze goed bedekt is. Verhit de olie en bak de inktvis in stukjes per keer goudbruin. Laat voor het serveren uitlekken op keukenpapier.

inktvis pakketten

voor 4 personen

8 gedroogde Chinese champignons

450 g / 1 kg inktvis

100 g gerookte ham

100 g / 4 oz tofu

1 roerei

15 ml / 1 eetlepel bloem voor alle doeleinden

2,5 ml / ½ theelepel suiker

2,5 ml / ½ theelepel sesamolie

zout en versgemalen zwarte peper

8 wontonvellen

frituurolie

Week de champignons 30 minuten in warm water en giet ze af. Gooi de stelen weg. Schil de inktvis en snijd in 8 stukken. Snijd de ham en tofu in 8 stukken. Doe ze allemaal in een kom. Meng het ei met de bloem, suiker, sesamolie, zout en peper. Giet de ingrediënten in de kom en meng voorzichtig. Plaats een champignondop en een stuk calamares, ham en tofu net onder het midden van elke wontonhuid. Vouw de onderste hoek, vouw de zijkanten, rol dan, bevochtig met water om de randen te verzegelen. Verhit de olie en bak de klontjes in ongeveer 8 minuten goudbruin. Laat goed uitlekken voor het opdienen.

gefrituurde inktvisrolletjes

voor 4 personen

45 ml / 3 eetlepels arachideolie (pinda)

225 g inktvisring

1 grote groene paprika, in stukjes gesneden

100 g/4 oz bamboescheuten, in plakjes

2 lente-uitjes (lente-ui), fijngehakt

1 plakje gemberwortel, fijngehakt

45 ml / 2 eetlepels sojasaus

30 ml / 2 eetlepels rijstwijn of droge sherry

15 ml / 1 eetlepel maïsmeel (maïszetmeel)

15 ml / 1 eetlepel visbouillon of water

5 ml / 1 theelepel suiker

5 ml / 1 theelepel wijnazijn

5 ml / 1 theelepel sesamolie

zout en versgemalen zwarte peper

Verhit 15 ml / 1 eetlepel olie en bak de inktvis snel tot ze goed bedekt zijn. Verhit ondertussen de rest van de olie in een aparte pan en fruit hierin de paprika, bamboescheuten, bosui en gember 2 minuten. Voeg inktvis toe en bak 1 minuut mee. Voeg sojasaus, wijn of sherry, maïsmeel, bouillon, suiker, wijnazijn en sesamolie toe en breng op smaak met zout en peper. Bak tot de saus helder en dikker wordt.

gesauteerde inktvis

voor 4 personen

45 ml / 3 eetlepels arachideolie (pinda)

3 lente-uitjes (lente-ui), in dikke plakken gesneden

2 plakjes gemberwortel, gehakt

450 g inktvis, in stukjes gesneden

15 ml / 1 eetlepel sojasaus

15 ml / 1 eetlepel rijstwijn of droge sherry

5 ml / 1 theelepel maïsmeel (maïszetmeel)

15 ml / 1 eetlepel water

Verhit de olie en fruit hierin de bosuitjes en gember tot ze zacht zijn. Voeg de inktvis toe en bak tot ze bedekt zijn met olie. Voeg sojasaus en wijn of sherry toe, dek af en laat 2 minuten sudderen. Meng de maïsmeel en het water tot een pasta-achtige consistentie, voeg het toe aan de pan en kook op laag vuur, al roerend, tot de saus dikker wordt en de inktvis zacht wordt.

Inktvis Met Gedroogde Champignons

voor 4 personen

50 g / 2 oz gedroogde Chinese champignons
450 g inktvisring
45 ml / 3 eetlepels arachideolie (pinda)
45 ml / 3 eetlepels sojasaus
2 lente-uitjes (lente-ui), fijngehakt
1 plakje gemberwortel, fijngehakt
225 g/8 oz bamboescheuten, in reepjes gesneden
30 ml / 2 eetlepels maïsmeel (maïszetmeel)
150 ml / ¬° pt / royale ¬Ω container visbouillon

Week de champignons 30 minuten in warm water en giet ze af. Gooi de stelen weg en snijd de topjes eraf. Kook de inktvis enkele seconden in kokend water. Verhit de olie, voeg dan de champignons, sojasaus, bosui en gember toe en bak 2 minuten. Voeg de inktvis en bamboescheuten toe en bak 2 minuten mee. Meng de maïsmeel en het water en roer in de pan. Kook op laag vuur, al roerend, tot de saus helder wordt en dikker wordt.

Inktvis Met Groenten

voor 4 personen

45 ml / 3 eetlepels arachideolie (pinda)

1 gesneden ui

5 ml / 1 theelepel zout

450 g inktvis, in stukjes gesneden

100 g/4 oz bamboescheuten, in plakjes

2 stengels bleekselderij, kruislings doorgesneden

60 ml / 4 eetlepels kippenbouillon

5 ml / 1 theelepel suiker

100 g sugarsnaps

5 ml / 1 theelepel maïsmeel (maïszetmeel)

15 ml / 1 eetlepel water

Verhit de olie en fruit hierin de ui en het zout lichtbruin. Voeg de inktvis toe en bak in olie tot ze gewassen zijn. Voeg de bamboescheuten en bleekselderij toe en bak 3 minuten. Voeg bouillon en suiker toe, breng aan de kook, dek af en kook gedurende 3 minuten tot de groenten gaar zijn. Voeg de peultjes toe. Combineer de maïsmeel en het water tot een pasta, meng in de koekenpan en kook, al roerend, tot de saus dikker wordt.

Gekookt rundvlees met anijs

voor 4 personen

30 ml / 2 eetlepels arachideolie

450 g haasbiefstuk

1 teentje geplette knoflook

45 ml / 3 eetlepels sojasaus

15 ml / 1 eetlepel water

15 ml / 1 eetlepel rijstwijn of droge sherry

5 ml / 1 theelepel zout

5 ml / 1 theelepel suiker

2 teentjes steranijs

Verhit de olie en bak het vlees rondom bruin. Voeg de resterende ingrediënten toe, breng aan de kook, dek af en kook ongeveer 45 minuten, draai dan het vlees om, voeg wat meer water en sojasaus toe als het vlees droog is. Laat nog 45 minuten koken tot het vlees mals is. Gooi voor het serveren de steranijs weg.

rundvlees met asperges

voor 4 personen

450 g ossenhaas, in blokjes

30 ml / 2 eetlepels sojasaus

30 ml / 2 eetlepels rijstwijn of droge sherry

45 ml / 3 eetlepels maïsmeel (maïszetmeel)

45 ml / 3 eetlepels arachideolie (pinda)

5 ml / 1 theelepel zout

1 teentje geplette knoflook

350 g asperges

120 ml kippenbouillon

15 ml / 1 eetlepel sojasaus

Doe de biefstuk in een kom. Meng 30 ml / 2 el maïsmeel met sojasaus, wijn of sherry, giet over de filets en meng goed. Laat het 30 minuten marineren. Verhit de olie met zout en knoflook en bak tot de knoflook licht goudbruin is. Voeg het vlees en de marinadesaus toe en bak 4 minuten. Voeg de asperges toe en bak ze 2 minuten lichtjes mee. Voeg de bouillon en sojasaus toe, breng aan de kook en kook al roerend 3 minuten tot het vlees gaar is. Meng de resterende maïsmeel met een beetje meer water of bouillon en roer door de saus. Kook op laag vuur, al roerend, gedurende een paar minuten, tot de saus helder en ingedikt is.

Bamboescheut Rundvlees

voor 4 personen

45 ml / 3 eetlepels arachideolie (pinda)
1 teentje geplette knoflook
1 lente-ui (ui), gesnipperd
1 plakje gemberwortel, fijngehakt
225 g mager rundvlees, in reepjes gesneden
100g/4oz bamboescheuten
45 ml / 3 eetlepels sojasaus
15 ml / 1 eetlepel rijstwijn of droge sherry
5 ml / 1 theelepel maïsmeel (maïszetmeel)

Verhit de olie en fruit hierin de knoflook, bosui en gember lichtbruin. Voeg het vlees toe en bak in 4 minuten lichtbruin. Voeg de bamboescheuten toe en bak 3 minuten mee. Voeg sojasaus, wijn of sherry en maïzena toe en bak 4 minuten.

Bamboescheuten en Champignon Rundvlees

voor 4 personen

225 g mager rundvlees

45 ml / 3 eetlepels arachideolie (pinda)

1 plakje gemberwortel, fijngehakt

100 g/4 oz bamboescheuten, in plakjes

100 g champignons, in plakjes

45 ml / 3 eetlepels rijstwijn of droge sherry

5 ml / 1 theelepel suiker

10 ml / 2 theelepels sojasaus

zout en peper

120 ml bouillon

15 ml / 1 eetlepel maïsmeel (maïszetmeel)

30 ml / 2 eetlepels water

Snijd het vlees in dunne plakjes tegen de korrels in. Verhit de olie en bak de gember enkele seconden. Voeg het vlees toe en bak tot het bruin is. Voeg de bamboescheuten en champignons toe en bak 1 minuut mee. Voeg wijn of sherry, suiker en sojasaus toe en breng op smaak met zout en peper. Voeg bouillon toe, breng aan de kook, dek af en kook gedurende 3 minuten. Combineer maïsmeel en water, roer de koekenpan erdoor en kook al roerend tot de saus dikker wordt.

Chinees gebakken rundvlees

voor 4 personen

45 ml / 3 eetlepels arachideolie (pinda)
900 g ribeyesteak
1 lente-ui (lente-ui), in plakjes
1 teentje gehakte knoflook
1 plakje gemberwortel, fijngehakt
60 ml / 4 eetlepels sojasaus
30 ml / 2 eetlepels rijstwijn of droge sherry
5 ml / 1 theelepel suiker
5 ml / 1 theelepel zout
een snufje peper
750 ml / 1e punt / 3 kopjes kokend water

Verhit de olie en braad het vlees snel aan alle kanten aan. Voeg de lente-uitjes, knoflook, gember, sojasaus, wijn of sherry, suiker, zout en peper toe. Breng aan de kook, meng. Voeg het kokende water toe, breng opnieuw aan de kook, roer, dek af en kook ongeveer 2 uur tot het vlees gaar is.

Taugé Rundvlees

voor 4 personen

450 g mager rundvlees, in plakjes

1 eiwit

30 ml / 2 eetlepels arachideolie

15 ml / 1 eetlepel maïsmeel (maïszetmeel)

15 ml / 1 eetlepel sojasaus

100 g taugé

25 g zuurkool, gehakt

1 rode paprika, geraspt

2 lente-uitjes (lente-ui), geraspt

2 plakjes gemberwortel, geraspt

Zout

5 ml / 1 theelepel oestersaus

5 ml / 1 theelepel sesamolie

Meng het vlees met eiwit, de helft van de olie, maïzena en sojasaus en laat 30 minuten rusten. Blancheer de taugé ongeveer 8 minuten in kokend water tot ze gaar zijn en giet ze af. Verhit de resterende olie en bak het vlees lichtbruin en haal het dan uit de pan. Voeg de zuurkool, hete peper, gember, zout, oestersaus en sesamolie toe en bak 2 minuten. Voeg de taugé toe en bak 2 minuten mee. Doe het vlees terug in de pan en bak tot het goed gemengd en warm is. Dien meteen op.

Broccolisteak

voor 4 personen

450 g ossenhaas, in dunne plakjes gesneden

30 ml / 2 eetlepels maïsmeel (maïszetmeel)

15 ml / 1 eetlepel rijstwijn of droge sherry

15 ml / 1 eetlepel sojasaus

30 ml / 2 eetlepels arachideolie

5 ml / 1 theelepel zout

1 teentje geplette knoflook

225 g broccoliroosjes

150 ml / ¬° pt / royale ¬Ω kop bouillon

Doe de biefstuk in een kom. Meng 15 ml / 1 el maïsmeel met wijn of sherry en sojasaus, voeg toe aan het vlees en marineer 30 minuten. Verhit de olie met zout en knoflook en bak tot de knoflook licht goudbruin is. Biefstuk en marinade toevoegen en 4 minuten bakken. Voeg de broccoli toe en bak 3 minuten mee. Voeg de bouillon toe, breng aan de kook, dek af en laat 5 minuten sudderen tot de broccoli zacht of krokant is. Meng de resterende maïsmeel met wat water en roer door de saus. Kook op laag vuur, al roerend, tot de saus lichter en dikker wordt.

Rundvlees met sesam en broccoli

voor 4 personen

150 g mager rundvlees, in dunne plakjes gesneden

2,5 ml / ¬Ω theelepel oestersaus

5 ml / 1 theelepel maïsmeel (maïszetmeel)

5 ml / 1 theelepel witte wijnazijn

60 ml / 4 eetlepels arachideolie

100 g broccoliroosjes

5 ml / 1 theelepel vissaus

2,5 ml / ½ theelepel sojasaus

250 ml bouillon

30 ml / 2 eetlepels sesam

Marineer het vlees 1 uur in oestersaus, 2,5 ml / ½ theelepel maïsmeel, 2,5 ml / ½ theelepel wijnazijn en 15 ml / 1 eetlepel plantaardige olie.

Verhit ondertussen 15 ml / 1 el olie, voeg broccoli, 2,5 ml / ½ theelepel vissaus, sojasaus en resterende wijnazijn toe en bedek met kokend water. Kook op laag vuur ongeveer 10 minuten tot ze zacht zijn.

Verhit in een aparte pan 30 ml / 2 eetlepels olie en bak het vlees kort goudbruin. Voeg bouillon, resterende maïsmeel en vissaus toe, breng aan de kook, dek af en laat sudderen tot het vlees zacht is, ongeveer 10 minuten. Giet de broccoli af en breng over naar een hete serveerschaal. Vul met vlees en bestrooi royaal met sesamzaadjes.

Gegrilld vlees

voor 4 personen

450 g magere biefstuk, in plakjes
60 ml / 4 eetlepels sojasaus
2 teentjes knoflook, fijngehakt
5 ml / 1 theelepel zout
2,5 ml / ¬Ω theelepel versgemalen zwarte peper
10 ml / 2 theelepels suiker

Meng alle ingrediënten en laat 3 uur fermenteren. Grill of braden (braden) op een hete grill gedurende ongeveer 5 minuten aan elke kant.

kantonees vlees

voor 4 personen

30 ml / 2 eetlepels maïsmeel (maïszetmeel)

2 opgeklopte eiwitten

450 g biefstuk, in reepjes gesneden

frituurolie

4 stengels bleekselderij, in plakjes

2 gesneden uien

60 ml / 4 eetlepels water

20 ml / 4 theelepels zout

75 ml / 5 eetlepels sojasaus

60 ml / 4 eetlepels rijstwijn of droge sherry

30 ml / 2 eetlepels suiker

verse zwarte peper

Meng de helft van de maïzena met het eiwit. Voeg de biefstuk toe en roer om het vlees met het deeg te bedekken. Verhit de olie en bak de biefstuk goudbruin. Haal uit de pan en laat uitlekken op keukenpapier. Verhit 15 ml / 1 eetlepel olie en fruit hierin de bleekselderij en ui 3 minuten. Voeg vlees, water, zout, sojasaus, wijn of sherry en suiker toe en breng op smaak met peper. Breng aan de kook en kook, al roerend, tot de saus dikker wordt.

Rundvlees Met Wortelen

voor 4 personen

30 ml / 2 eetlepels arachideolie

450 g mager rundvlees, in blokjes

2 lente-uitjes (lente-ui), in plakjes

2 teentjes knoflook, fijngehakt

1 plakje gemberwortel, fijngehakt

250 ml / 8 fl oz / 1 kop sojasaus

30 ml / 2 eetlepels rijstwijn of droge sherry

30 ml / 2 eetlepels bruine suiker

5 ml / 1 theelepel zout

600 ml / 1 pt / 2 Ω glas water

4 wortels, diagonaal gesneden

Verhit de olie en bak het vlees lichtbruin. Giet de overtollige olie af en voeg de bosui, knoflook, gember en anijs toe, die 2 minuten gebakken zijn. Voeg sojasaus, wijn of sherry, suiker en zout toe en meng goed. Voeg water toe, breng aan de kook, dek af en kook gedurende 1 uur. Voeg de wortels toe, dek af en kook nog eens 30 minuten. Verwijder het deksel en kook tot de saus is ingekookt.

Rundvlees Met Cashewnoten

voor 4 personen

60 ml / 4 eetlepels arachideolie

450 g ossenhaas, in dunne plakjes gesneden

8 lente-uitjes (lente-uitjes), in stukjes gesneden

2 teentjes knoflook, fijngehakt

1 plakje gemberwortel, fijngehakt

75 g geroosterde cashewnoten

120 ml / 4 fl oz / ¬Ω beker

20 ml / 4 theelepels maïsmeel (maïszetmeel)

20 ml / 4 theelepels sojasaus

5 ml / 1 theelepel sesamolie

5 ml / 1 theelepel oestersaus

5 ml / 1 theelepel chilisaus

Verhit de helft van de olie en bak het vlees lichtbruin. Haal het uit de pan. Verhit de resterende olie en fruit hierin de bosui, knoflook, gember en cashewnoten 1 minuut. Doe het vlees terug in de pan. Combineer de resterende ingrediënten en roer het mengsel in de pan. Breng aan de kook en kook al roerend tot het mengsel dikker wordt.

Rundvleesstoofpot uit de slowcooker

voor 4 personen

30 ml / 2 eetlepels arachideolie

450 g stoofvlees, in blokjes

3 plakjes gemberwortel, gehakt

3 gesneden wortelen

1 blokje radijs

15ml/1 el zwarte dadels, gemalen

15 ml / 1 eetlepel lotuszaden

30 ml / 2 eetlepels tomatenpuree (puree)

10 ml / 2 eetlepels zout

900 ml / 1¬Ω punten / 3¬æ glazen bouillon

250 ml rijstwijn of droge sherry

Verhit de olie in een grote vuurvaste braadpan of koekenpan en bak het vlees aan alle kanten goudbruin.

Bloemkool Rundvlees

voor 4 personen

225 g bloemkoolroosjes

frituurolie

225 g rundvlees, in reepjes gesneden

50 g bamboescheuten, in reepjes gesneden

10 waterkastanjes, in reepjes gesneden

120 ml kippenbouillon

15 ml / 1 eetlepel sojasaus

15 ml / 1 eetlepel oestersaus

15 ml / 1 eetlepel tomatenpuree (puree)

15 ml / 1 eetlepel maïsmeel (maïszetmeel)

2,5 ml / ¬Ω theelepel sesamolie

Nadat je de bloemkool 2 minuten in kokend water hebt gekookt, giet je deze af. Verhit de olie en bak de bloemkool lichtbruin. Verwijder en laat uitlekken op keukenpapier. Verhit de olie opnieuw en bak het vlees tot het lichtbruin is, haal het eruit en laat het uitlekken. Giet alles behalve 15ml/1 eetlepel olie en fruit de bamboescheuten en waterkastanjes gedurende 2 minuten. Voeg de resterende ingrediënten toe, breng aan de kook en kook al roerend tot de saus dikker wordt. Doe het vlees en de bloemkool terug in de pan en verwarm zachtjes. Dien meteen op.

Rundvlees Met Selderij

voor 4 personen

100 g bleekselderij, in reepjes gesneden

45 ml / 3 eetlepels arachideolie (pinda)

2 lente-uitjes (lente-ui), fijngehakt

1 plakje gemberwortel, fijngehakt

225 g mager rundvlees, in reepjes gesneden

30 ml / 2 eetlepels sojasaus

30 ml / 2 eetlepels rijstwijn of droge sherry

2,5 ml / ¬Ω theelepel suiker

2,5 ml / ¬Ω theelepel zout

Kook de bleekselderij 1 minuut in kokend water en laat goed uitlekken. Verhit de olie en bak hierin de bosuitjes en gember lichtbruin. Voeg het vlees toe en bak 4 minuten mee. Voeg bleekselderij toe en bak 2 minuten. Voeg sojasaus, wijn of sherry, suiker en zout toe en bak 3 minuten.

Sneetjes gesmoord rundvlees met bleekselderij

voor 4 personen

30 ml / 2 eetlepels arachideolie

450 g mager rundvlees, in plakjes

3 stengels bleekselderij, geraspt

1 ui, geraspt

1 lente-ui (lente-ui), in plakjes

1 plakje gemberwortel, fijngehakt

30 ml / 2 eetlepels sojasaus

15 ml / 1 eetlepel rijstwijn of droge sherry

2,5 ml / ¬Ω theelepel suiker

2,5 ml / ¬Ω theelepel zout

10 ml / 2 theelepels maïsmeel (maïszetmeel)

30 ml / 2 eetlepels water

Verhit de helft van de olie tot zeer heet en bak het vlees in 1 minuut goudbruin. Haal het uit de pan. Verhit de resterende olie en fruit hierin de bleekselderij, ui, bosui en gember tot ze iets zacht zijn. Doe het vlees terug in de pan met de sojasaus, wijn of sherry, suiker en zout, breng aan de kook en bak het vuur. Combineer maïsmeel en water, roer de koekenpan erdoor en kook tot de saus dikker wordt. Dien meteen op.

Rundergehakt Met Kip En Selderij

voor 4 personen

4 gedroogde Chinese champignons

45 ml / 3 eetlepels arachideolie (pinda)
2 teentjes knoflook, fijngehakt
1 in plakjes gesneden gemberwortel, fijngehakt
5 ml / 1 theelepel zout
100 g mager rundvlees, in reepjes gesneden
100 g kip, in reepjes gesneden
2 wortels, in reepjes gesneden
2 stengels bleekselderij, in reepjes gesneden
4 lente-uitjes (lente-uitjes), in reepjes gesneden
5 ml / 1 theelepel suiker
5 ml / 1 theelepel sojasaus
5 ml / 1 theelepel rijstwijn of droge sherry
45 ml / 3 eetlepels water
5 ml / 1 theelepel maïsmeel (maïszetmeel)

Week de champignons 30 minuten in warm water en giet ze af. Gooi de stelen weg en hak de topjes. Verhit de olie en bak de knoflook, gember en zout lichtbruin. Voeg het vlees en de kip toe en bak tot ze bruin beginnen te worden. Voeg de bleekselderij, lente-uitjes, suiker, sojasaus, wijn of sherry en water toe en breng aan de kook. Dek af en kook ongeveer 15 minuten tot het vlees gaar is. Meng de maïsmeel met een beetje water, meng met de saus en kook, al roerend, tot de saus dikker wordt.

Rundvlees met chili

voor 4 personen

450 g ossenhaas, in reepjes gesneden
45 ml / 3 eetlepels sojasaus
15 ml / 1 eetlepel rijstwijn of droge sherry
15 ml / 1 eetlepel bruine suiker
15 ml / 1 eetlepel fijngehakte gemberwortel
30 ml / 2 eetlepels arachideolie
50 g / 2 oz bamboescheuten, in reepjes gesneden
1 ui in reepjes gesneden
1 stengel bleekselderij, in luciferhoutjes gesneden
2 rode paprika's, klokhuis verwijderd en in reepjes gesneden
120 ml kippenbouillon
15 ml / 1 eetlepel maïsmeel (maïszetmeel)

Doe de biefstuk in een kom. Meng sojasaus, wijn of sherry, suiker en gember en roer door steak. Laat het 1 uur marineren. Haal de steaks uit de marinade. Verhit de helft van de olie en fruit de bamboescheuten, ui, bleekselderij en paprika 3 minuten en haal ze dan uit de pan. Verhit de resterende olie en bak de biefstuk 3 minuten. Breng de marinade aan de kook en voeg de gebakken groenten toe. Kook al roerend 2 minuten op laag vuur. Meng de bouillon en maïsmeel en voeg toe aan de pan. Breng aan de kook en kook al roerend tot de jus helder is en dikker wordt.

Chinees Koolrundvlees

voor 4 personen

225 g mager rundvlees

30 ml / 2 eetlepels arachideolie

350 g paksoi, versnipperd

120 ml bouillon

zout en versgemalen zwarte peper

10 ml / 2 theelepels maïsmeel (maïszetmeel)

30 ml / 2 eetlepels water

Snijd het vlees in dunne plakjes tegen de korrels in. Verhit de olie en bak het vlees goudbruin. Voeg de paksoi toe en bak tot hij iets zachter is. Voeg de bouillon toe, breng aan de kook en breng op smaak met zout en peper. Dek af en kook 4 minuten tot het vlees gaar is. Combineer maïsmeel en water, roer de koekenpan erdoor en kook al roerend tot de saus dikker wordt.

Kalfskarbonades Suey

voor 4 personen

3 stengels bleekselderij, in plakjes

100 g taugé

100 g broccoliroosjes

60 ml / 4 eetlepels arachideolie

3 lente-uitjes (lente-ui), fijngehakt

2 teentjes knoflook, fijngehakt

1 plakje gemberwortel, fijngehakt

225 g mager rundvlees, in reepjes gesneden

45 ml / 3 eetlepels sojasaus

15 ml / 1 eetlepel rijstwijn of droge sherry

5 ml / 1 theelepel zout

2,5 ml / ¬Ω theelepel suiker

verse zwarte peper

15 ml / 1 eetlepel maïsmeel (maïszetmeel)

Blancheer de bleekselderij, taugé en broccoli 2 minuten in kokend water, giet af en dep droog. Verhit 45 ml / 3 eetlepels olie en fruit hierin de bosui, knoflook en gember lichtbruin. Voeg het vlees toe en bak 4 minuten mee. Haal het uit de pan. Verhit de resterende olie en bak de groenten 3 minuten. Voeg het vlees, de sojasaus, wijn of sherry, zout, suiker en een snufje peper toe en bak 2 minuten. Meng de maïsmeel met een beetje water, roer het in de pan en kook al roerend tot de saus helder en ingedikt is.

Rundvlees Met Komkommer

voor 4 personen

450 g ossenhaas, in dunne plakjes gesneden

45 ml / 3 eetlepels sojasaus

30 ml / 2 eetlepels maïsmeel (maïszetmeel)

60 ml / 4 eetlepels arachideolie

2 komkommers, geschild, klokhuis verwijderd en in plakjes gesneden

60 ml / 4 eetlepels kippenbouillon

30 ml / 2 eetlepels rijstwijn of droge sherry

zout en versgemalen zwarte peper

Doe de biefstuk in een kom. Meng sojasaus en maïsmeel en voeg toe aan biefstuk. Laat het 30 minuten marineren. Verhit de helft van de olie en bak de komkommers in 3 minuten glazig en haal ze dan uit de pan. Verhit de resterende olie en bak de biefstuk goudbruin. Voeg de wortels toe en bak 2 minuten mee. Voeg bouillon, wijn of sherry toe en breng op smaak met zout en peper. Breng aan de kook, dek af en kook gedurende 3 minuten.

Rundvlees Chow Mein

voor 4 personen

750 g ossenhaas

2 uien

45 ml / 3 eetlepels sojasaus

45 ml / 3 eetlepels rijstwijn of droge sherry

15 ml / 1 eetlepel pindakaas

5 ml / 1 theelepel citroensap

350g / 12oz eiernoedels

60 ml / 4 eetlepels arachideolie

175 ml kippenbouillon

15 ml / 1 eetlepel maïsmeel (maïszetmeel)

30 ml / 2 eetlepels oestersaus

4 lente-uitjes (lente-ui), fijngesneden

3 stengels bleekselderij, in plakjes

100 g champignons, in plakjes

1 groene paprika in reepjes gesneden

100 g taugé

Snijd het vet van het vlees weg en gooi het weg. Snijd in dunne plakjes over het graan. Snijd de uien in partjes en haal de lagen uit elkaar. Meng 15 ml / 1 eetlepel sojasaus met 15 ml / 1 eetlepel wijn of sherry, pindakaas en citroensap. Voeg het vlees toe, dek af en laat 1 uur rusten. Kook de noedels ongeveer 5 minuten in kokend water of tot ze gaar zijn. Filter goed. Verhit 15 ml / 1 el olie, voeg 15 ml / 1 el sojasaus en noedels toe en bak in 2 minuten licht goudbruin. Breng over naar een warme serveerschaal.

Meng de rest van de sojasaus en de wijn of sherry met de bouillon, maïsmeel en oestersaus. Verhit 15 ml / 1 eetlepel olie en fruit de uien 1 minuut. Voeg de bleekselderij, champignons, paprika en sojascheuten toe en bak 2 minuten. Haal uit de wok. Verhit de resterende olie en bak het vlees goudbruin. Voeg het bouillonmengsel toe, breng aan de kook, dek af en kook gedurende 3 minuten. Doe de groenten terug in de wok en kook, al roerend, tot ze heet zijn, ongeveer 4 minuten. Giet het mengsel over de noedels en serveer.

komkommer filet

voor 4 personen

450 g ossenhaasbiefstuk
10 ml / 2 theelepels maïsmeel (maïszetmeel)
10 ml / 2 theelepels zout
2,5 ml / ¬Ω theelepel versgemalen zwarte peper
90 ml / 6 eetlepels arachideolie (pinda)
1 ui fijngesneden
1 komkommer, geschild en in plakjes
120 ml bouillon

Snijd de filet in reepjes en daarna in dunne plakjes tegen de korrels in. Doe het in een kom en voeg de maïzena, zout, peper en de helft van de olie toe. Laat het 30 minuten marineren. Verhit de resterende olie en bak hierin het vlees en de ui lichtbruin. Voeg de komkommers en het water toe, breng aan de kook, dek af en kook gedurende 5 minuten.

Rundvleescurry in de oven

voor 4 personen

45 ml / 3 eetlepels boter

15 ml / 1 eetlepel kerriepoeder

45 ml / 3 eetlepels gewone bloem (voor alle doeleinden)

375 ml / 13 fl oz / 1 Ω glas melk

15 ml / 1 eetlepel sojasaus

zout en versgemalen zwarte peper

450g / 1lb gekookt rundvlees, gehakt

100 g erwten

2 wortelen, in stukjes

2 gesnipperde uien

225 g gekookte langkorrelige rijst, heet

1 hardgekookt ei (gekookt), in plakjes

Smelt de boter, voeg de kerriepoeder en bloem toe en bak 1 minuut. Voeg de melk en de sojasaus toe, breng aan de kook en kook al roerend 2 minuten. Kruid met peper en zout. Voeg het rundvlees, de erwten, de wortelen en de uien toe en meng goed om de saus te bedekken. Voeg de rijst toe, breng het mengsel over naar een bakplaat en bak in een voorverwarmde oven van 200 ∞C / 400 ∞F / gasstand 6 gedurende 20 minuten tot de groenten gaar zijn. Serveer gegarneerd met plakjes gekookt ei.

Ham En Waterkastanje Omelet

2 porties

30 ml / 2 eetlepels arachideolie

1 gesnipperde ui

1 teentje geplette knoflook

50 g in blokjes gesneden ham

50 g kastanjes, gehakt

15 ml / 1 eetlepel sojasaus

50 g cheddarkaas

3 roereieren

Verhit de helft van de olie en fruit hierin de uien, knoflook, ham, kastanjes en sojasaus lichtbruin. Haal ze uit de pan. Verhit de resterende olie, voeg de eieren toe en als het hard begint te worden, leg je het ei in het midden zodat het rauwe ei van de bodem kan vloeien. Als het ei klaar is, giet je het hammengsel in de helft van de tortilla, bedek met de kaas en vouw de andere helft van de tortilla eroverheen. Dek af en kook gedurende 2 minuten, draai dan om en bak nog eens 2 minuten, tot ze goudbruin zijn.

Kreeft Omelet

voor 4 personen

4 eieren

zout en versgemalen zwarte peper

30 ml / 2 eetlepels arachideolie

3 lente-uitjes (lente-ui), fijngehakt

100 g / 4 oz kreeftenvlees, gehakt

Klop de eieren los en bestrooi ze met zout en peper. Verhit de olie en bak de lente-uitjes 1 minuut. Voeg kreeft toe en roer tot het bedekt is met olie. Giet de eieren in de pan en kantel de pan zodat het ei het oppervlak bedekt. Til de zijkanten van de tortilla op terwijl de eieren samenklonteren zodat het rauwe ei eronderdoor kan. Kook tot ze gaar zijn, vouw ze dan dubbel en serveer meteen.

oester omelet

voor 4 personen

4 eieren

120 ml melk

12 schelp oesters

3 lente-uitjes (lente-ui), fijngehakt

zout en versgemalen zwarte peper

30 ml / 2 eetlepels arachideolie

50 g / 2 oz mager varkensvlees, gehakt

50 g champignons, in plakjes

50 g / 2 oz bamboescheuten, in plakjes

Klop de eieren los met de melk, oesters, lente-uitjes, zout en peper. Verhit de olie en bak het varkensvlees lichtbruin. Voeg de champignons en bamboescheuten toe en bak 2 minuten mee. Giet het eimengsel in de koekenpan en kook, til de zijkanten van de omelet op terwijl de eieren hard worden zodat het rauwe ei eronderdoor gaat. Bak tot ze gaar zijn, vouw dan dubbel, draai de tortilla om en bak tot de andere kant lichtbruin is. Dien meteen op.

Garnalen omelet

voor 4 personen

4 eieren

15 ml / 1 eetlepel rijstwijn of droge sherry

zout en versgemalen zwarte peper

30 ml / 2 eetlepels arachideolie

1 plakje gemberwortel, fijngehakt

225 g gepelde garnalen

Klop de eieren los met wijn of sherry en breng op smaak met zout en peper. Verhit de olie en bak de gember licht goudbruin. Voeg de garnalen toe en roer tot ze bedekt zijn met olie. Giet de eieren in de pan en kantel de pan zodat het ei het oppervlak bedekt. Til de zijkanten van de tortilla op terwijl de eieren samenklonteren zodat het rauwe ei eronderdoor kan. Kook tot ze gaar zijn, vouw ze dan dubbel en serveer meteen.

Gegratineerde Omelet

voor 4 personen

4 eieren

5 ml / 1 theelepel sojasaus

zout en versgemalen zwarte peper

30 ml / 2 eetlepels arachideolie

3 lente-uitjes (lente-ui), fijngehakt

225g/8oz kam, gehalveerd

Klop de eieren los met sojasaus en breng op smaak met zout en peper. Verhit de olie en fruit hierin de lente-uitjes tot ze lichtbruin zijn. Voeg de wortels toe en bak 3 minuten. Giet de eieren in de pan en kantel de pan zodat het ei het oppervlak bedekt. Til de zijkanten van de tortilla op terwijl de eieren samenklonteren zodat het rauwe ei eronderdoor kan. Kook tot ze gaar zijn, vouw ze dan dubbel en serveer meteen.

Tofu Omelet

voor 4 personen

4 eieren

zout en versgemalen zwarte peper

30 ml / 2 eetlepels arachideolie

225 g tofu, versnipperd

Klop de eieren los en bestrooi ze met zout en peper. Verhit de olie, voeg de tofu toe en bak tot deze warm is. Giet de eieren in de pan en kantel de pan zodat het ei het oppervlak bedekt. Til de zijkanten van de tortilla op terwijl de eieren samenklonteren zodat het rauwe ei eronderdoor kan. Kook tot ze gaar zijn, vouw ze dan dubbel en serveer meteen.

Met Varkensvlees Gevulde Tortilla

voor 4 personen

50 g / 2 oz taugé

60 ml / 4 eetlepels arachideolie

225 g mager varkensvlees, in stukjes gesneden

3 lente-uitjes (lente-ui), fijngehakt

1 stengel gesneden bleekselderij

15 ml / 1 eetlepel sojasaus

5 ml / 1 theelepel suiker

4 eieren, licht losgeklopt

Zout

Blancheer de taugé 3 minuten in kokend water en laat goed uitlekken. Verhit de helft van de olie en bak het varkensvlees lichtbruin. Voeg de lente-uitjes en bleekselderij toe en fruit 1 minuut. Voeg sojasaus en suiker toe en bak 2 minuten. Haal het uit de pan. Breng de roereieren op smaak met zout. Verhit de resterende olie en giet de eieren in de pan, kantel de pan zodat het ei het oppervlak bedekt. Til de zijkanten van de tortilla op terwijl de eieren samenklonteren zodat het rauwe ei eronderdoor kan. Leg de vulling in het midden van de tortilla en vouw hem dubbel. Kook tot ze gaar zijn en serveer dan alles in één keer.

Met Garnalen Gevulde Tortilla

voor 4 personen

30 ml / 2 eetlepels arachideolie
2 stengels bleekselderij, fijngesneden
2 lente-uitjes (lente-ui), fijngehakt
225 g gepelde garnalen, gehalveerd
4 eieren, licht losgeklopt
Zout

Verhit de helft van de olie en fruit hierin de bleekselderij en ui lichtbruin. Voeg de garnalen toe en bak tot zeer heet. Haal het uit de pan. Breng de roereieren op smaak met zout. Verhit de resterende olie en giet de eieren in de pan, kantel de pan zodat het ei het oppervlak bedekt. Til de zijkanten van de tortilla op terwijl de eieren samenklonteren zodat het rauwe ei eronderdoor kan. Leg de vulling in het midden van de tortilla en vouw hem dubbel. Kook tot ze gaar zijn en serveer dan alles in één keer.

Gestoomde tortillarolletjes met kipvulling

voor 4 personen

4 eieren, licht losgeklopt

Zout

15 ml / 1 eetlepel arachideolie

100g / 4oz gekookte kip, gehakt

2 plakjes gemberwortel, gehakt

1 gesnipperde ui

120 ml kippenbouillon

15 ml / 1 eetlepel rijstwijn of droge sherry

Klop de eieren los en zout ze. Verhit wat olie en giet er een kwart van de eieren in, kantel om het mengsel in de pan te verdelen. Bak en laat rusten tot ze aan één kant lichtbruin zijn en keer ze om op een bord. Kook de resterende 4 tortilla's. Roer de kip, gember en ui erdoor. Verdeel het mengsel gelijkmatig over het brood, rol op, zet vast met cocktailprikkers en leg de broodjes in een ondiepe ovenvaste schaal. Zet op een rooster in de stomer, dek af en stoom gedurende 15 minuten. Leg op een warme serveerschaal en snij in dikke plakken. Verwarm ondertussen het water en de sherry en breng op smaak met zout. Giet over tortilla's en serveer.

oester pannenkoeken

Voor 4 tot 6 porties

12 oesters

4 eieren, licht losgeklopt

3 lente-uitjes (lente-uitjes), in plakjes

zout en versgemalen zwarte peper

6 ml / 4 eetlepels bloem voor alle doeleinden

2,5 ml / ½ theelepel zuiveringszout

45 ml / 3 eetlepels arachideolie (pinda)

Schil en hak de oesters grof, bewaar 60 ml / 4 eetlepels drank. Meng de eieren met de oesters, lente-uitjes, zout en peper. Meng de bloem en het bakpoeder, meng met het oestervocht tot een pasta-achtige consistentie en meng het mengsel vervolgens met de eieren. Verhit wat olie en bak eetlepels beslag om kleine pannenkoekjes te maken. Bak tot ze aan beide kanten lichtbruin zijn, voeg dan wat meer olie toe aan de pan en ga door tot al het mengsel op is.

Garnalen Pannenkoeken

voor 4 personen

50 g gepelde garnalen, gehakt

4 eieren, licht losgeklopt

75 g / 3 oz / ½ volle kop bloem voor alle doeleinden

zout en versgemalen zwarte peper

120 ml kippenbouillon

2 lente-uitjes (lente-ui), fijngehakt

30 ml / 2 eetlepels arachideolie

Meng alle ingrediënten behalve olie. Verhit een beetje olie, giet een kwart van het deeg, kantel de pan om het op de bodem te verdelen. Bak tot ze lichtbruin zijn aan de onderkant, draai ze om en bak de andere kant. Haal uit de pan en bak de resterende pannenkoeken verder.

Chinees Gebakken Ei

voor 4 personen

4 roereieren

2 lente-uitjes (lente-ui), fijngehakt

een snufje zout

5 ml / 1 theelepel sojasaus (optioneel)

30 ml / 2 eetlepels arachideolie

Klop de eieren los met de lente-uitjes, zout en sojasaus indien beschikbaar. Verhit de olie en giet het eimengsel erbij. Roer voorzichtig met een vork tot de eieren gestold zijn. Dien meteen op.

Roerei Met Vis

voor 4 personen

225g / 8oz visfilets

30 ml / 2 eetlepels arachideolie

1 plakje gemberwortel, fijngehakt

2 lente-uitjes (lente-ui), fijngehakt

4 eieren, licht losgeklopt

zout en versgemalen zwarte peper

Leg de vis in een ovenvaste schaal en plaats deze op het rooster in een stomer. Dek af en stoom ongeveer 20 minuten, verwijder dan de huid en verkruimel het vlees. Verhit de olie en bak hierin de gember en bosuitjes tot ze lichtbruin zijn. Voeg de vis toe en meng tot het bedekt is met olie. Breng de eieren op smaak met zout en peper, giet ze in de koekenpan en roer voorzichtig met een vork tot de eieren stevig zijn. Dien meteen op.

Roerei Met Champignons

voor 4 personen

30 ml / 2 eetlepels arachideolie

4 roereieren

3 lente-uitjes (lente-ui), fijngehakt

een snufje zout

5 ml / 1 theelepel sojasaus

100 g champignons, grof gehakt

Verhit de helft van de olie en bak de champignons een paar minuten tot ze heel heet zijn en haal ze dan uit de pan. Klop de eieren los met de bosuitjes, zout en sojasaus. Verhit de resterende olie en giet deze bij het eimengsel. Roer voorzichtig met een vork tot de eieren hard worden, doe de champignons terug in de pan en kook tot de eieren stevig zijn. Dien meteen op.

Gebakken Ei Met Oestersaus

voor 4 personen

4 roereieren
3 lente-uitjes (lente-ui), fijngehakt
zout en versgemalen zwarte peper
5 ml / 1 theelepel sojasaus
30 ml / 2 eetlepels arachideolie
15 ml / 1 eetlepel oestersaus
100 g gekookte ham, verkruimeld
2 takjes platte peterselie

Klop de eieren los met de bosuitjes, zout, peper en sojasaus. Voeg de helft van de olie toe. Verhit de resterende olie en giet deze bij het eimengsel. Roer voorzichtig met een vork tot de eieren hard worden, voeg dan de oestersaus toe en kook tot de eieren stevig zijn. Serveer gegarneerd met ham en peterselie.

Roerei Met Varkensvlees

voor 4 personen

8 oz / 225 g mager varkensvlees, in plakjes

30 ml / 2 eetlepels sojasaus

30 ml / 2 eetlepels arachideolie

2 lente-uitjes (lente-ui), fijngehakt

4 roereieren

een snufje zout

5 ml / 1 theelepel sojasaus

Roer het varkensvlees en de sojasaus erdoor zodat het varkensvlees goed bedekt is. Verhit de olie en bak het varkensvlees lichtbruin. Voeg de uien toe en bak 1 minuut mee. Klop de eieren met de lente-uitjes, zout en sojasaus en giet het eimengsel in de pan. Roer voorzichtig met een vork tot de eieren gestold zijn. Dien meteen op.

Roerei met varkensvlees en garnalen

voor 4 personen

100g / 4oz varkensgehakt (gemalen)
225 g gepelde garnalen
2 lente-uitjes (lente-ui), fijngehakt
1 plakje gemberwortel, fijngehakt
5 ml / 1 theelepel maïsmeel (maïszetmeel)
15 ml / 1 eetlepel rijstwijn of droge sherry
15 ml / 1 eetlepel sojasaus
zout en versgemalen zwarte peper
45 ml / 3 eetlepels arachideolie (pinda)
4 eieren, licht losgeklopt

Roer het varkensvlees, de garnalen, lente-uitjes, gember, maïzena, wijn of sherry, sojasaus, zout en peper erdoor. Verhit de olie en bak het varkensvleesmengsel lichtbruin. Giet de eieren erbij en meng voorzichtig met een vork tot de eieren stevig zijn. Dien meteen op.

Gebakken Ei Met Spinazie

voor 4 personen

45 ml / 3 eetlepels arachideolie (pinda)

225 g spinazie

4 roereieren

2 lente-uitjes (lente-ui), fijngehakt

een snufje zout

Verhit de helft van de olie en bak de spinazie een paar minuten tot ze heldergroen zijn, maar niet geslonken. Haal uit de pan en hak fijn. Klop de eieren los met de lente-uitjes, zout en sojasaus indien beschikbaar. Voeg de spinazie toe. Verhit de olie en giet het eimengsel erbij. Roer voorzichtig met een vork tot de eieren gestold zijn. Dien meteen op.

Gebakken Eieren Met Bieslook

voor 4 personen

4 roereieren

8 lente-uitjes (lente-ui), fijngehakt

zout en versgemalen zwarte peper

5 ml / 1 theelepel sojasaus

30 ml / 2 eetlepels arachideolie

Klop de eieren los met de bosuitjes, zout, peper en sojasaus. Verhit de olie en giet het eimengsel erbij. Roer voorzichtig met een vork tot de eieren gestold zijn. Dien meteen op.

Roerei Met Tomaat

voor 4 personen

4 roereieren

2 lente-uitjes (lente-ui), fijngehakt

een snufje zout

30 ml / 2 eetlepels arachideolie

3 tomaten, geschild en in stukjes gesneden

Klop de eieren los met de lente-uitjes en het zout. Verhit de olie en giet het eimengsel erbij. Roer voorzichtig tot de eieren stevig zijn, roer dan de tomaten erdoor en blijf mixen tot ze gestold zijn. Dien meteen op.

Roerei Met Groenten

voor 4 personen

30 ml / 2 eetlepels arachideolie

5 ml / 1 theelepel sesamolie

1 fijngehakte groene paprika

1 teentje gehakte knoflook

100 g sugar snaps, gehalveerd

4 roereieren

2 lente-uitjes (lente-ui), fijngehakt

een snufje zout

5 ml / 1 theelepel sojasaus

Verhit de helft van de arachideolie met sesamolie en fruit hierin de peper en knoflook lichtbruin. Voeg de suikererwten toe en bak 1 minuut mee. Klop de eieren met de lente-uitjes, zout en sojasaus en giet het mengsel in de pan. Roer voorzichtig met een vork tot de eieren gestold zijn. Dien meteen op.

kippensoufflé

voor 4 personen

100 g gehakte kipfilet

(ik meestal)

45 ml / 3 eetlepels kippenbouillon

2,5 ml / ½ theelepel zout

4 eiwitten

75 ml / 5 eetlepels arachideolie (pinda)

Meng de kip, bouillon en zout grondig. Klop de eiwitten stijf en voeg toe aan het mengsel. Verhit de olie tot deze begint te roken, voeg het mengsel toe en meng goed, zet het vuur lager en blijf zachtjes roeren tot het mengsel stevig is.

krab soufflé

voor 4 personen

100 g krabvlees, in blokjes

Zout

15 ml / 1 eetlepel maïsmeel (maïszetmeel)

120 ml melk

4 eiwitten

75 ml / 5 eetlepels arachideolie (pinda)

Meng het krabvlees, zout, maïzena en meng goed. Klop de eiwitten stijf en voeg ze toe aan het mengsel. Verhit de olie tot deze begint te roken, voeg het mengsel toe en meng goed, zet het vuur lager en blijf zachtjes roeren tot het mengsel stevig is.

Soufflé van krab en gember

voor 4 personen

75 ml / 5 eetlepels arachideolie (pinda)

2 plakjes gemberwortel, gehakt

1 lente-ui (ui), gesnipperd

100 g krabvlees, in blokjes

Zout

15 ml / 1 eetlepel rijstwijn of droge sherry

120 ml / 4 fl oz / k glas melk

60 ml / 4 eetlepels kippenbouillon

15 ml / 2 eetlepels maïsmeel (maïszetmeel)

4 eiwitten

5 ml / 1 theelepel sesamolie

Verhit de helft van de olie en fruit hierin de gember en ui tot ze zacht zijn. Voeg het krabvlees en zout toe, haal van het vuur en laat het een beetje afkoelen. Meng de wijn of sherry, melk, bouillon en maïsmeel en roer dit vervolgens door het krabvleesmengsel. Klop de eiwitten stijf en voeg ze toe aan het mengsel. Verhit de resterende olie tot deze rookt, voeg het mengsel toe en roer goed, zet dan het vuur lager en blijf zachtjes roeren tot het mengsel stevig is.

vis soufflé

voor 4 personen

3 eieren, gescheiden

5 ml / 1 theelepel sojasaus

5 ml / 1 theelepel suiker

zout en versgemalen zwarte peper

450 g / 1 kg visfilet

45 ml / 3 eetlepels arachideolie (pinda)

Meng de eidooiers met sojasaus, suiker, zout en peper. Snijd de vis in grote stukken. Doop de vis in het mengsel tot hij goed bedekt is. Verhit de olie en bak de vis tot hij lichtbruin is. Klop ondertussen de eiwitten stijf. Draai de vis om en schep het eiwit op de vis. Bak gedurende 2 minuten tot de onderkant lichtbruin is, keer dan opnieuw en bak nog 1 minuut, tot het eiwit stevig en goudbruin is. Serveer met tomatensaus.

garnalen soufflé

voor 4 personen

225 g gepelde garnalen, gehakt
1 plakje gemberwortel, fijngehakt
15 ml / 1 eetlepel rijstwijn of droge sherry
15 ml / 1 eetlepel sojasaus
zout en versgemalen zwarte peper
4 eiwitten
45 ml / 3 eetlepels arachideolie (pinda)

Roer de garnalen, gember, wijn of sherry, sojasaus, zout en peper erdoor. Klop de eiwitten stijf en voeg ze toe aan het mengsel. Verhit de olie tot deze begint te roken, voeg het mengsel toe en meng goed, zet het vuur lager en blijf zachtjes roeren tot het mengsel stevig is.

Garnalensoufflé met taugé

voor 4 personen

100 g taugé

100 g gepelde garnalen, grof gehakt

2 lente-uitjes (lente-ui), fijngehakt

5 ml / 1 theelepel maïsmeel (maïszetmeel)

15 ml / 1 eetlepel rijstwijn of droge sherry

120 ml kippenbouillon

Zout

4 eiwitten

45 ml / 3 eetlepels arachideolie (pinda)

Kook de taugé 2 minuten in kokend water, giet af en houd warm. Meng en zout ondertussen de garnalen, ui, maïzena, wijn of sherry en bouillon. Klop de eiwitten stijf en voeg ze toe aan het mengsel. Verhit de olie tot deze begint te roken, voeg het mengsel toe en meng goed, zet het vuur lager en blijf zachtjes roeren tot het mengsel stevig is. Leg op een warme serveerschaal en garneer met taugé.

groente soufflé

voor 4 personen

5 eieren, gescheiden

3 geraspte aardappelen

1 kleine ui fijngehakt

15 ml / 1 eetlepel gehakte verse peterselie
5 ml / 1 theelepel sojasaus
zout en versgemalen zwarte peper

Klop de eiwitten stijf. Klop de eidooiers licht en donker, voeg dan de aardappelen, uien, peterselie en sojasaus toe en meng goed.

Voeg de eiwitten toe. Giet in een ingevette soufflévorm en bak in een voorverwarmde oven op 180°C/350°F/gasstand 4 gedurende ongeveer 40 minuten.

Ei Foo Yung

voor 4 personen

4 eieren, licht losgeklopt

Zout

100g / 4oz gekookte kip, gehakt

1 gesnipperde ui

2 stengels bleekselderij, fijngesneden

50 g champignons, gehakt

30 ml / 2 eetlepels arachideolie

foo yung eiersaus

Meng eieren, zout, kip, uien, selderij en champignons. Verhit wat olie en giet een kwart van het mengsel in de pan. Bak tot de onderkant lichtbruin is, draai dan om en bak de andere kant. Serveer met ei foo yung saus.

Gebakken Ei Foo Yung

voor 4 personen

4 eieren, licht losgeklopt

5 ml / 1 theelepel zout

100 g gerookte ham, in blokjes

100 gram gehakte champignons

15 ml / 1 eetlepel sojasaus

frituurolie

Meng eieren met zout, ham, champignons en sojasaus. Verhit de olie en druppel voorzichtig de eetlepel van het mengsel in de olie. Bak tot de bovenkant loslaat en aan beide kanten bruin is. Haal uit de olie en laat uitlekken terwijl je de resterende pannenkoeken kookt.

Foo Yung-krab met champignons

voor 4 personen

6 roereieren

45 ml / 3 eetlepels maïsmeel (maïszetmeel)

100 g krabvlees

100 g champignons, gehakt

100 g bevroren erwten

2 lente-uitjes (lente-ui), fijngehakt

5 ml / 1 theelepel zout

45 ml / 3 eetlepels arachideolie (pinda)

Klop de eieren los en voeg dan de maïsmeel toe. Voeg alle overige ingrediënten behalve olie toe. Verhit een beetje olie en giet het mengsel langzaam in de pan om kleine pannenkoekjes van ongeveer 7,5 cm breed te maken. Bak tot ze lichtbruin zijn aan de onderkant, draai ze om en bak de andere kant. Ga door tot al het mengsel op is.

Ham Ei Foo Yung

voor 4 personen

60 ml / 4 eetlepels arachideolie

50 g bamboescheuten, gehakt

50 g kastanjes, gehakt

2 lente-uitjes (lente-ui), fijngehakt

2 stengels bleekselderij, fijngesneden

50 g gerookte ham, in stukjes gesneden

15 ml / 1 eetlepel sojasaus

2,5 ml / ½ theelepel suiker

2,5 ml / ½ theelepel zout

4 eieren, licht losgeklopt

Verhit de helft van de olie en bak de bamboescheuten, waterkastanjes, bosui en bleekselderij circa 2 minuten. Voeg de ham, sojasaus, suiker en zout toe, haal van het vuur en laat iets afkoelen. Voeg het mengsel toe aan de losgeklopte eieren. Verhit de resterende olie een beetje en giet het mengsel langzaam in de pan om kleine pannenkoekjes van ongeveer 7,5 cm breed te maken. Bak tot ze lichtbruin zijn aan de onderkant, draai ze om en bak de andere kant. Ga door tot al het mengsel op is.

Gebakken Varkensvlees Ei Foo Yung

voor 4 personen

4 gedroogde Chinese champignons
60 ml / 3 eetlepels arachideolie
100 g / 4 oz varkensgebraad, fijngehakt
100 g / 4 oz paksoi, versnipperd
50 g / 2 oz bamboescheuten, in plakjes
50 g kastanjes, in plakjes
4 eieren, licht losgeklopt
zout en versgemalen zwarte peper

Week de champignons 30 minuten in warm water en giet ze af. Gooi de stelen weg en snijd de topjes eraf. Verhit 30 ml / 2 eetlepels olie en bak de champignons, varkensvlees, kool, bamboescheuten en waterkastanjes 3 minuten. Haal uit de pan en laat iets afkoelen, meng met eieren en breng op smaak met zout en peper. Verhit de resterende olie een beetje en giet het mengsel langzaam in de pan om kleine pannenkoekjes van ongeveer 7,5 cm breed te maken. Bak tot ze lichtbruin zijn aan de onderkant, draai ze om en bak de andere kant. Ga door tot al het mengsel op is.

Varkensvlees Ei en Garnalen Foo Yung

voor 4 personen

45 ml / 3 eetlepels arachideolie (pinda)
100 g mager varkensvlees, in plakjes
1 gesnipperde ui
225 g garnalen, gepeld, in plakjes
50 g / 2 oz paksoi, versnipperd
4 eieren, licht losgeklopt
zout en versgemalen zwarte peper

Verhit 30 ml / 2 eetlepels olie en bak het varkensvlees en de ui lichtbruin. Voeg de garnalen toe en bak tot ze bedekt zijn met olie, voeg dan de kool toe, keer goed om, dek af en kook gedurende 3 minuten. Haal uit de pan en laat iets afkoelen. Voeg het vleesmengsel toe aan de eieren en breng op smaak met zout en peper. Verhit de resterende olie een beetje en giet het mengsel langzaam in de pan om kleine pannenkoekjes van ongeveer 7,5 cm breed te maken. Bak tot ze lichtbruin zijn aan de onderkant, draai ze om en bak de andere kant. Ga door tot al het mengsel op is.

witte rijst

voor 4 personen

225 g langkorrelige rijst
15 ml / 1 eetlepel olie
750 ml / 1¼ punten / 3 glazen water

Was de rijst en doe deze in een pan. Voeg het water toe aan de olie en voeg het toe aan de pan ongeveer 2,5 cm boven de rijst. Breng aan de kook, dek af met een strak deksel, zet het vuur lager en laat 20 minuten sudderen.

gekookte bruine rijst

voor 4 personen

225 g / 8 oz / 1 kopje langkorrelige bruine rijst
5 ml / 1 theelepel zout
900 ml / 1½ punten / 3¾ glazen water

Was de rijst en doe deze in een pan. Voeg het zout en het water toe tot ongeveer 3 cm boven de rijst. Breng aan de kook, dek af met een strak deksel, zet het vuur lager en kook gedurende 30 minuten, zorg ervoor dat het niet kookt.

rijst met vlees

voor 4 personen

225 g langkorrelige rijst
100 g / 4 oz rundergehakt (gemalen)
1 plakje gemberwortel, fijngehakt
15 ml / 1 eetlepel sojasaus
15 ml / 1 eetlepel rijstwijn of droge sherry
5 ml / 1 theelepel arachideolie
2,5 ml / ½ theelepel suiker
2,5 ml / ½ theelepel zout

Doe de rijst in een grote pan en breng aan de kook. Dek af en kook ongeveer 10 minuten tot het meeste vocht is opgenomen. Meng de overige ingrediënten, doe de rijst erbij, dek af en kook op laag vuur nog 20 minuten gaar. Meng de ingrediënten voor het serveren.

Rijst met kippenlever

voor 4 personen

225 g langkorrelige rijst

375 ml kippenbouillon

Zout

2 gekookte kippenlevertjes, in dunne plakjes gesneden

Doe de rijst en het water in een grote pan en breng aan de kook. Dek af en kook ongeveer 10 minuten, tot de rijst bijna gaar is. Verwijder het deksel en kook op laag vuur tot het grootste deel van de bouillon is opgenomen. Breng op smaak met zout, voeg kippenlevertjes toe en verwarm lichtjes voor het opdienen.

Kip Champignon Rijst

voor 4 personen

225 g langkorrelige rijst
100 g / 4 oz kippenvlees, gehakt
100 g champignons, gehakt
5 ml / 1 theelepel maïsmeel (maïszetmeel)
5 ml / 1 theelepel sojasaus
5 ml / 1 theelepel rijstwijn of droge sherry
een snufje zout
15 ml / 1 eetlepel gehakte lente-uitjes (lente-ui)
15 ml / 1 eetlepel oestersaus

Doe de rijst in een grote pan en breng aan de kook. Dek af en kook ongeveer 10 minuten tot het meeste vocht is opgenomen. Meng alle overige ingrediënten behalve lente-uitjes en oestersaus, doe de rijst erbij, dek af en laat op laag vuur nog 20 minuten gaar worden. Meng voor het serveren de ingrediënten en besprenkel met groene uien en oestersaus.

kokos rijst

voor 4 personen

225 g rijst met Thaise smaak

1 l / 1¾ punt / 4¼ kopjes kokosmelk

150 ml / ¼ pt / royale ½ kopje kokosroom

1 takje gehakte koriander

een snufje zout

Breng alle ingrediënten aan de kook in een pan, sluit het deksel en laat de rijst onder af en toe roeren ongeveer 25 minuten op laag vuur rijzen.

Krab Vlees Rijst

voor 4 personen

225 g langkorrelige rijst

100 g krabvlees, in blokjes

2 plakjes gemberwortel, gehakt

15 ml / 1 eetlepel sojasaus

15 ml / 1 eetlepel rijstwijn of droge sherry

5 ml / 1 theelepel arachideolie

5 ml / 1 theelepel maïsmeel (maïszetmeel)

zout en versgemalen zwarte peper

Doe de rijst in een grote pan en breng aan de kook. Dek af en kook ongeveer 10 minuten tot het meeste vocht is opgenomen. Meng de overige ingrediënten, doe de rijst erbij, dek af en kook op laag vuur nog 20 minuten gaar. Meng de ingrediënten voor het serveren.

Rijst Met Erwten

voor 4 personen

225 g langkorrelige rijst

350 g erwten

30 ml / 2 eetlepels sojasaus

Doe de rijst en het water in een grote pan en breng aan de kook. Voeg de erwten toe, dek af en kook ongeveer 20 minuten, tot de rijst bijna gaar is. Verwijder het deksel en kook op laag vuur tot het meeste vocht is opgenomen. Dek het af en laat het 5 minuten rusten, besprenkel dan met sojasaus en serveer.

Gepeperde Rijst

voor 4 personen

225 g langkorrelige rijst

2 lente-uitjes (lente-ui), fijngehakt

1 rode paprika gehakt

45 ml / 3 eetlepels sojasaus

30 ml / 2 eetlepels arachideolie

5 ml / 1 theelepel suiker

Doe de rijst in een pan, bedek met koud water, breng aan de kook, dek af en kook in ongeveer 20 minuten gaar. Laat goed uitlekken en voeg dan de bosui, paprika, sojasaus, olie en suiker toe. Doe over in een warme serveerschaal en dien onmiddellijk op.

Rijst met gekookt ei

voor 4 personen

225 g langkorrelige rijst

4 eieren

15 ml / 1 eetlepel oestersaus

Doe de rijst in een pan, bedek met koud water, breng aan de kook, dek af en kook in ongeveer 10 minuten gaar. Giet af en breng over naar een hete serveerschaal. Breng ondertussen een pan water aan de kook, breek de eieren voorzichtig en kook ze een paar minuten tot het eiwit stevig is maar de eieren nog vochtig. Neem het uit de pan met de schuimspaan en leg het op de rijst. Serveer besprenkeld met oestersaus.

Rijst in Singaporese stijl

voor 4 personen

225 g langkorrelige rijst

5 ml / 1 theelepel zout

1,2 l / 2 punten / 5 glazen water

Was de rijst en doe deze in een pan met zout en water. Breng aan de kook, zet het vuur lager en kook ongeveer 15 minuten tot de rijst gaar is. Giet af in een vergiet en spoel af met heet water voor het opdienen.

Slow Boat rijst

voor 4 personen

225 g langkorrelige rijst

5 ml / 1 theelepel zout

15 ml / 1 eetlepel olie

750 ml / 1¼ punten / 3 glazen water

Was de rijst en doe deze in een ovenschaal met zout, olie en water. Dek af en kook op voorverwarmde 120°C/250°F/gasstand ½ gedurende ongeveer 1 uur tot al het water is opgenomen.

gestoomde rijst

voor 4 personen

225 g langkorrelige rijst
5 ml / 1 theelepel zout
450 ml / ¾ pt / 2 kopjes water

Doe de rijst, het zout en het water in een braadpan, dek af en kook in een voorverwarmde oven van 180°C / 350°F / gasoven 4 gedurende ongeveer 30 minuten.

gebakken rijst

voor 4 personen

225 g langkorrelige rijst

750 ml / 1¼ punten / 3 glazen water

30 ml / 2 eetlepels arachideolie

1 roerei

2 teentjes knoflook, fijngehakt

een snufje zout

1 ui fijngesneden

3 lente-uitjes (lente-ui), fijngehakt

2,5 ml / ½ theelepel melasse

Doe de rijst en het water in een pan, breng aan de kook, dek af en kook ongeveer 20 minuten tot de rijst gaar is. Filter goed. Verhit 5 ml / 1 theelepel olie en giet het ei erbij. Kook tot het op de bodem is gezet, draai dan om en ga door met koken tot het stevig is. Haal uit de pan en snij in reepjes. Voeg de resterende olie toe aan de pan met de knoflook en het zout en bak tot de knoflook goudbruin is. Voeg de ui en rijst toe en bak 2 minuten. Voeg de lente-uitjes toe en bak 2 minuten mee. Voeg de zwarte melasse toe tot de rijst bedekt is, voeg dan de eierreepjes toe en serveer.

amandel gebakken rijst

voor 4 personen

250 ml / 8 fl oz / 1 kopje arachideolie (pinda)

50 g / 2 oz / ½ kopje amandelschilfers

4 roereieren

450 g / 1 lb / 3 kopjes gekookte langkorrelige rijst

5 ml / 1 theelepel zout

3 plakjes gekookte ham, in reepjes gesneden

2 sjalotjes, fijngehakt

15 ml / 1 eetlepel sojasaus

Verhit de olie en bak de amandelen goudbruin. Haal uit de pan en laat uitlekken op keukenpapier. Giet het grootste deel van de olie uit de pan, verwarm opnieuw en giet de eieren erbij, onder voortdurend roeren. Voeg de rijst en het zout toe en kook 5 minuten, snel optillen en roeren zodat de rijstkorrels bedekt zijn met het ei. Voeg de ham, sjalot en sojasaus toe en bak nog 2 minuten. Roer de meeste amandelen erdoor en garneer met de resterende amandelen en serveer.

Gebakken Rijst Met Spek En Ei

voor 4 personen

45 ml / 3 eetlepels arachideolie (pinda)

225 g spek, gehakt

1 ui fijngesneden

3 roereieren

225 g / 8 oz gekookte langkorrelige rijst

Verhit de olie en bak hierin de bacon en ui lichtbruin. Voeg de eieren toe en bak tot ze bijna gaar zijn. Voeg de rijst toe en bak tot de rijst warm is.

Vlees Gebakken Rijst

voor 4 personen

225 g mager rundvlees, in reepjes gesneden
15 ml / 1 eetlepel maïsmeel (maïszetmeel)
15 ml / 1 eetlepel sojasaus
15 ml / 1 eetlepel rijstwijn of droge sherry
5 ml / 1 theelepel suiker
75 ml / 5 eetlepels arachideolie (pinda)
1 gesnipperde ui
450 g / 1 lb / 3 kopjes gekookte langkorrelige rijst
45 ml / 3 eetlepels kippenbouillon

Meng het vlees met de maïzena, sojasaus, wijn of sherry en suiker. Verhit de helft van de olie en fruit de ui glazig. Voeg het vlees toe en bak 2 minuten mee. Haal het uit de pan. Verhit de resterende olie, voeg de rijst toe en bak 2 minuten. Voeg de bouillon toe en verwarm. Voeg de helft van het mengsel van vlees en ui toe en roer tot het heet is, doe het dan op een warme serveerschaal en voeg het resterende vlees en de uien toe.

Gebakken Rijst Met Gehakt

voor 4 personen

30 ml / 2 eetlepels arachideolie

1 teentje geplette knoflook

een snufje zout

30 ml / 2 eetlepels sojasaus

30 ml / 2 eetlepels hoisinsaus

450 g / 1 pond rundergehakt (gemalen)

1 ui gesnipperd

1 wortel gesneden

1 prei gesneden

450 g / 1 pond gekookte langkorrelige rijst

Verhit de olie en bak hierin de knoflook en het zout lichtbruin. Voeg de soja- en rozijnensaus toe en meng tot goed verwarmd. Voeg het vlees toe en bak tot het bruin en kruimelig is. Voeg de groenten toe en bak tot ze gaar zijn, onder regelmatig roeren. Voeg de rijst toe en bak, onder voortdurend roeren, tot het heet is en bedekt met sauzen.

Vlees en Ui Gebakken Rijst

voor 4 personen

1 pond/450 g mager rundvlees, in dunne plakjes gesneden

45 ml / 3 eetlepels sojasaus

15 ml / 1 eetlepel rijstwijn of droge sherry

zout en versgemalen zwarte peper

15 ml / 1 eetlepel maïsmeel (maïszetmeel)

45 ml / 3 eetlepels arachideolie (pinda)

1 gesnipperde ui

225 g / 8 oz gekookte langkorrelige rijst

Marineer het vlees in sojasaus, wijn of sherry, zout, peper en maïsmeel gedurende 15 minuten. Verhit de olie en fruit hierin de ui lichtbruin. Voeg het vlees en de marinadesaus toe en bak 3 minuten. Voeg de rijst toe en bak tot zeer heet.

kip gebakken rijst

voor 4 personen

225 g langkorrelige rijst

750 ml / 1¼ punten / 3 glazen water

30 ml / 2 eetlepels arachideolie

2 teentjes knoflook, fijngehakt

een snufje zout

1 ui fijngesneden

3 lente-uitjes (lente-ui), fijngehakt

100 g / 4 oz gekookte kip, gehakt

15 ml / 1 eetlepel sojasaus

Doe de rijst en het water in een pan, breng aan de kook, dek af en kook ongeveer 20 minuten tot de rijst gaar is. Filter goed. Verhit de olie en bak de knoflook en het zout tot de knoflook licht goudbruin is. Voeg de ui toe en bak 1 minuut mee. Voeg de rijst toe en bak 2 minuten mee. Voeg de knoflook en kip toe en bak 2 minuten. Voeg sojasaus toe om de rijst te bedekken.

Eend gebakken rijst

voor 4 personen

4 gedroogde Chinese champignons
45 ml / 3 eetlepels arachideolie (pinda)
2 lente-uitjes (lente-ui), in plakjes
225 g paksoi, gehakt
100g / 4oz gekookte eend, fijngehakt
45 ml / 3 eetlepels sojasaus
15 ml / 1 eetlepel rijstwijn of droge sherry
350 g gekookte langkorrelige rijst
45 ml / 3 eetlepels kippenbouillon

Week de champignons 30 minuten in warm water en giet ze af. Gooi de stelen weg en hak de topjes. Verhit de helft van de olie en bak de uien glazig. Voeg de paksoi toe en bak 1 minuut mee. Voeg de eend, sojasaus en wijn of sherry toe en bak 3 minuten. Haal het uit de pan. Verhit de resterende olie en bak de rijst totdat deze bedekt is met olie. Voeg de bouillon toe, breng aan de kook en bak 2 minuten. Doe het eendenmengsel terug in de pan en roer tot het is opgewarmd voordat je het serveert.

ham rijst

voor 4 personen

30 ml / 2 eetlepels arachideolie

1 roerei

1 teentje geplette knoflook

350 g gekookte langkorrelige rijst

1 ui fijngesneden

1 fijngehakte groene paprika

100 g in blokjes gesneden ham

50 g kastanjes, in plakjes

50 g / 2 oz bamboescheuten, gehakt

15 ml / 1 eetlepel sojasaus

15 ml / 1 eetlepel rijstwijn of droge sherry

15 ml / 1 eetlepel oestersaus

Verhit wat olie in een pan en voeg het ei toe, kantel de pan om het over de pan te verdelen. Bak tot de onderkant lichtbruin is, keer dan om en bak de andere kant. Haal uit de pan en hak en bak de knoflook lichtbruin. Voeg de rijst, ui en paprika toe en bak 3 minuten. Voeg de ham, kastanje en bamboescheuten toe en bak 5 minuten. Voeg de resterende ingrediënten toe en bak ongeveer 4 minuten. Serveer met eierreepjes erover.

Pilaf van gerookte ham met bouillon

voor 4 personen

30 ml / 2 eetlepels arachideolie

3 roereieren

350 g gekookte langkorrelige rijst

600 ml kippenbouillon

100 g gerookte ham, verkruimeld

100 g/4 oz bamboescheuten, in plakjes

Verhit de olie en giet dan de eieren erbij. Voeg als het begint te krullen de rijst toe en bak 2 minuten. Voeg de bouillon en ham toe en breng aan de kook. Laat 2 minuten koken, voeg dan de bamboescheuten toe en serveer.

Gebakken Varkensvlees Rijst

voor 4 personen

45 ml / 3 eetlepels arachideolie (pinda)
3 lente-uitjes (lente-ui), fijngehakt
100 g varkensgebraad, gehakt
350 g gekookte langkorrelige rijst
30 ml / 2 eetlepels sojasaus
2,5 ml / ½ theelepel zout
2 roereieren

Verhit de olie en fruit de uien tot ze glazig zijn. Voeg het varkensvlees toe en roer tot het bedekt is met olie. Voeg rijst, sojasaus en zout toe en bak 3 minuten. Voeg de eieren toe en spatel tot ze hard beginnen te worden.

varkensvlees en garnalen gebakken rijst

voor 4 personen

45 ml / 3 eetlepels arachideolie (pinda)

2,5 ml / ½ theelepel zout

2 lente-uitjes (lente-ui), fijngehakt

350 g gekookte langkorrelige rijst

100 g gebraden varkensvlees

225 g gepelde garnalen

50 g / 2 oz Chinese bladeren, geraspt

45 ml / 3 eetlepels sojasaus

Verhit de olie en fruit hierin het zout en de lente-uitjes tot ze lichtbruin zijn. Voeg de rijst toe om de korrels te breken en bak mee. Voeg varkensvlees toe en bak 2 minuten. Voeg de garnalen, Chinese bladeren en sojasaus toe en bak tot zeer heet.

Garnalen Gebakken Rijst

voor 4 personen

225 g langkorrelige rijst

750 ml / 1 ¼ punten / 3 glazen water

30 ml / 2 eetlepels arachideolie

2 teentjes knoflook, fijngehakt

een snufje zout

1 ui fijngesneden

225 g gepelde garnalen

5 ml / 1 theelepel sojasaus

Doe de rijst en het water in een pan, breng aan de kook, dek af en kook ongeveer 20 minuten tot de rijst gaar is. Filter goed. Verhit de olie met de knoflook en het zout en bak tot de knoflook licht goudbruin kleurt. Voeg de rijst en ui toe en bak 2 minuten. Voeg de garnalen toe en bak 2 minuten mee. Voeg voor het serveren sojasaus toe.

gebakken rijst en erwten

voor 4 personen

30 ml / 2 eetlepels arachideolie

2 teentjes knoflook, fijngehakt

5 ml / 1 theelepel zout

350 g gekookte langkorrelige rijst

225 g bevroren of geblancheerde erwten, ontdooid

4 lente-uitjes (lente-ui), fijngehakt

30 ml / 2 eetlepels fijngehakte verse peterselie

Verhit de olie en bak hierin de knoflook en het zout lichtbruin. Voeg de rijst toe en bak 2 minuten mee. Voeg de erwten, ui en peterselie toe en bak een paar minuten tot ze goed warm zijn. Serveer warm of koud.

Zalm Gebakken Rijst

voor 4 personen

30 ml / 2 eetlepels arachideolie

2 teentjes fijngehakte knoflook

2 lente-uitjes (lente-ui), in plakjes

50 g zalmgehakt

75 g gehakte spinazie

150 g gekookte langkorrelige rijst

Verhit de olie en fruit hierin de knoflook en lente-uitjes 30 seconden. Voeg de zalm toe en bak 1 minuut mee. Spinazie toevoegen en 1 minuut meebakken. Voeg de rijst toe en bak tot gloeiend heet en goed gemengd.

Speciale gebakken rijst

voor 4 personen

60 ml / 4 eetlepels arachideolie

1 ui fijngesneden

100 g spek, gehakt

50 g in blokjes gesneden ham

50 g gekookte kip, fijngehakt

50 g gepelde garnalen

60 ml / 4 eetlepels sojasaus

30 ml / 2 eetlepels rijstwijn of droge sherry

zout en versgemalen zwarte peper

15 ml / 1 eetlepel maïsmeel (maïszetmeel)

225 g / 8 oz gekookte langkorrelige rijst

2 roereieren

100 g champignons, in plakjes

50 g bevroren erwten

Verhit de olie en bak hierin de ui en spek lichtbruin. Voeg de ham en kip toe en bak 2 minuten mee. Voeg de garnalen, sojasaus, wijn of sherry, zout, peper en maïzena toe en bak 2 minuten. Voeg de rijst toe en bak 2 minuten mee. Voeg de eieren, champignons en erwten toe en bak tot ze warm zijn, 2 minuten.

Tien kostbaar koper

Serveert van 6 tot 8

45 ml / 3 eetlepels arachideolie (pinda)
1 lente-ui (ui), gesnipperd
100 g mager varkensvlees, gehakt
1 kipfilet, in stukjes gesneden
100 g ham, verkruimeld
30 ml / 2 eetlepels sojasaus
30 ml / 2 eetlepels rijstwijn of droge sherry
5 ml / 1 theelepel zout
350 g gekookte langkorrelige rijst
250 ml kippenbouillon
100 g bamboescheuten, in reepjes gesneden
50 g kastanjes, in plakjes

Verhit de olie en bak de ui glazig. Voeg varkensvlees toe en bak 2 minuten. Voeg de kip en ham toe en bak 2 minuten mee. Voeg sojasaus, sherry en zout toe. Voeg rijst en water toe en laat het koken. Voeg de bamboescheuten en waterkastanjes toe, dek af en laat 30 minuten sudderen.

Rijst Met Gebakken Tonijn

voor 4 personen

30 ml / 2 eetlepels arachideolie

2 gesneden uien

1 fijngehakte groene paprika

450 g / 1 lb / 3 kopjes gekookte langkorrelige rijst

Zout

3 roereieren

300 g tonijn uit blik, in blokjes

30 ml / 2 eetlepels sojasaus

2 sjalotjes, fijngehakt

Verhit de olie en fruit de uien tot ze zacht zijn. Voeg de paprika toe en bak 1 minuut mee. Duw het naar een kant van de pan. Voeg de rijst toe, bestrooi met zout en bak 2 minuten, waarbij geleidelijk de paprika en ui gemengd worden. Maak een kuiltje in het midden van de rijst, giet er nog wat olie in en giet de eieren erin. Roer tot het bijna gemengd is en roer door de rijst. Kook nog 3 minuten. Voeg de tonijn en sojasaus toe en verwarm goed. Serveer bestrooid met fijngehakte sjalotten.

gekookte noedels

voor 4 personen

10 ml / 2 theelepels zout
450 g eiernoedels
30 ml / 2 eetlepels arachideolie

Kook water in een pan, voeg zout toe en voeg de noedels toe. Breng aan de kook en laat ongeveer 10 minuten sudderen tot ze zacht maar nog steeds stevig zijn. Goed laten uitlekken, afspoelen met koud water, afgieten en daarna afspoelen met heet water. Besprenkel met olie voor het opdienen.

gekookte eiernoedels

voor 4 personen

10 ml / 2 theelepels zout
450 g dunne eiernoedels

Kook water in een pan, voeg zout toe en voeg de noedels toe. Na goed mengen, zeef. Doe de noedels in een vergiet, doe ze in een stomer en stoom ze in ongeveer 20 minuten gaar boven kokend water.

gebakken noedels

voor 8 porties

10 ml / 2 theelepels zout

450 g eiernoedels

30 ml / 2 eetlepels arachideolie

braadpan

Kook water in een pan, voeg zout toe en voeg de noedels toe. Breng aan de kook en laat ongeveer 10 minuten sudderen tot ze zacht maar nog steeds stevig zijn. Goed laten uitlekken, afspoelen met koud water, afgieten en daarna afspoelen met heet water. Roer de olie erdoor, meng voorzichtig met een gebakken mengsel en verwarm zachtjes om de smaken te mengen.

gebakken noedels

voor 4 personen

225 g dunne eiernoedels

Zout

frituurolie

Kook de pasta gaar in kokend water met zout volgens de aanwijzingen op de verpakking. Filter goed. Leg meerdere lagen keukenpapier op een bakplaat, verdeel de noedels erover en laat ze een paar uur drogen. Verhit de olie en bak de noedels in ongeveer 30 seconden goudbruin. Laat uitlekken op keukenpapier.

Gefrituurde Zachte Noedels

voor 4 personen

350g / 12oz eiernoedels

75 ml / 5 eetlepels arachideolie (pinda)

Zout

Kook water in een pan, voeg de noedels toe en kook tot de noedels zacht zijn. Giet af en spoel af met koud water, dan heet water en laat opnieuw uitlekken. Voeg 15ml/1 eetlepel olie toe en laat afkoelen en opstijven in de koelkast. Verhit de resterende olie tot deze bijna rookt. Voeg de noedels toe en roer lichtjes tot ze bedekt zijn met olie. Zet het vuur lager en blijf een paar minuten roeren tot de noedels goudbruin zijn aan de buitenkant en zacht aan de binnenkant.

Gekookte Noedels

voor 4 personen

450 g eiernoedels

5 ml / 1 theelepel zout

30 ml / 2 eetlepels arachideolie

3 lente-uitjes (lente-uitjes), in reepjes gesneden

1 teentje geplette knoflook

2 plakjes gemberwortel, gehakt

100 g mager varkensvlees, in reepjes gesneden

100 g ham, in reepjes gesneden

100 g gepelde garnalen

450 ml / ¬æpt / 2 kopjes kippenbouillon

30 ml / 2 eetlepels sojasaus

Kook water in een pan, voeg zout toe en voeg de noedels toe. Breng opnieuw aan de kook en kook ongeveer 5 minuten, giet af en spoel af met koud water.

Verhit ondertussen de olie en fruit hierin de bosui, knoflook en gember lichtbruin. Voeg varkensvlees toe en bak tot het licht van kleur is. Voeg ham en garnalen toe en voeg bouillon, sojasaus en noedels toe. Breng aan de kook, dek af en kook gedurende 10 minuten.

koude noedels

voor 4 personen
450 g eiernoedels
5 ml / 1 theelepel zout
15 ml / 1 eetlepel arachideolie
225 g taugé
225 g geroosterd varkensvlees, fijngehakt
1 komkommer in reepjes gesneden
12 radijzen, in reepjes gesneden

Kook water in een pan, voeg zout toe en voeg de noedels toe. Breng aan de kook en laat ongeveer 10 minuten sudderen tot ze zacht maar nog steeds stevig zijn. Laat goed uitlekken, spoel af met koud water en laat opnieuw uitlekken. Sprenkel er olie over en leg het op een serveerschaal. Schik de andere ingrediënten in kleine bordjes rond de noedels. In kleine kommetjes worden verschillende ingrediënten aan de gasten geserveerd.

noedel manden

voor 4 personen

225 g dunne eiernoedels

Zout

frituurolie

Kook de pasta gaar in kokend water met zout volgens de aanwijzingen op de verpakking. Filter goed. Leg meerdere lagen keukenpapier op een bakplaat, verdeel de noedels erover en laat ze een paar uur drogen. Bestrijk de binnenkant van een middelgrote zeef met een beetje olie. Verdeel een gelijkmatige laag noedels van ongeveer 1 cm/¬Ω dik in het vergiet. Borstel de buitenkant van een kleinere zeef met olie en druk lichtjes in de grotere. Verhit de olie, steek twee zeven in de olie en bak ongeveer 1 minuut tot de noedels goudbruin zijn. Verwijder voorzichtig de zeven en maak de randen van de noedels indien nodig los met een mes.

noedel pannenkoek

voor 4 personen

225g / 8oz eiernoedels
5 ml / 1 theelepel zout
75 ml / 5 eetlepels arachideolie (pinda)

Kook water in een pan, voeg zout toe en voeg de noedels toe. Breng aan de kook en laat ongeveer 10 minuten sudderen tot ze zacht maar nog steeds stevig zijn. Goed laten uitlekken, afspoelen met koud water, afgieten en daarna afspoelen met heet water. Meng met 15 ml / 1 eetlepel olie. Verhit de resterende olie. Voeg de noedels toe aan de pan om een dikke pannenkoek te maken. Bak tot ze lichtbruin zijn aan de onderkant, draai ze dan om en bak ze tot ze lichtbruin en zacht zijn in het midden.

www.ingramcontent.com/pod-product-compliance
Lightning Source LLC
Chambersburg PA
CBHW070407120526
44590CB00014B/1290